日本と世界の
やさしいキリスト教史

The history of Christianity in Japan and the world

梅本憲二
Umemoto Kenji

光言社

復刊にあたって

このたび光言社から『やさしいキリスト教史』復刊の要請を受け、著者としては率直に喜んでいる。出版に当たり、全面的な見直しと補筆を行ったので、かなり内容が充実し読みやすくなったと思う。

初版から四半世紀が過ぎたので、その間の部分を補おうとも考えたが、急がれていることもあり、次の機会に譲ることにした。第一部の日本キリスト教史は、初版のものを思い切って破棄し、「中和新聞」に一九八〇年十月から二年にわたって連載したものを充当することにした。これにより内容は一新され、充実したものになっている。これも全面的に見直し補筆した。なお、正直に告白すれば、当時、この企画の連載中、明治の後半以降の部分が連載の期限が近づいた関係で少し急ぎ足になってしまっている。この点も機会を見て完全なものにしたいと思っている。

いずれにしても、伝道活動に少しでもお役に立てればという一念で、作業をさせていただいた。姉妹編の『聖書学』『キリスト教教義学』も、順次復刊されることを願い準備を進めているので期待していただければ幸いである。

二〇一二年四月十八日

著者

日本と世界の
やさしい
キリスト教史

目次

目次

目次

第二部　世界キリスト教史

目　次

第一部　日本キリスト教史

はじめに

仕事で仙台に行く機会があったが、たまたま宿の近くに伊達政宗の廟《びょう》（偉人等を祭る社）があったので仕事の合間を見て出かけた。

行って見ると、ちょうど社の修復が終わったばかりで、極彩色に塗られた政宗の廟は周りの杉木立ちとよく調和して〝日光の小型版〟といった印象を受けた。廟の隣には資料舘も設けられていたが、その資料館の一隅に、伊達政宗が時の教皇パウロ五世に宛てた書状の写しが展示されていた。その書状は伊達政宗の家臣支倉常長《はせくらつねなが》が、メキシコ経由で太平洋、大西洋の両洋を渡り時の教皇に届けたもので、資料館にあったものは最近ローマ教皇庁から三百五十年ぶりに公表されたものの実物大カラー写真であった。

私はこの書状の最後に、誰でも読めるひらがなで「ぱっぱぱうろ様」（パッパはポウプのことで教皇の意）と書かれてある文字を見て、改めて日本人とキリスト教との歴史的な関わり合いについて考えさせられた。

さて、我々はこれから日本のキリスト教の歴史を学ぼうとしているのであるが、日本が初めてキリスト教と出会ったのは今から四百年以上も前のことで、一五四九年のフランシスコ・ザビエルの来日がそれである。ザビエルがもたらしたのはローマ・カトリック（旧教）で、プロテスタント（新教）の日本宣教はそれよりずっと遅れ、幕末の開国とともにアメリカから宣教師たちが派遣されて来たのが初めであった。その後、日本のキリスト教は太平洋戦争を経て今日に至っている。

したがって日本のキリスト教史は、

第一期　キリシタン時代――ザビエルの来日から幕末前までの期間

第二期　幕末の開国から太平洋戦争までの期間

第三期　戦後新しく宣教が出発してから今日までの期間

の三つの時代に区分することができる。

本稿では、便宜上第二期と第三期を連続して順次時代を追って筆を進めていくことになるので、読者諸氏の了解を頂ければ幸いである。

一九八〇年九月

著者

第1章　ザビエルの来日から幕末まで

1　福音はジャンク船に乗って　――ザビエルの日本布教

日本という〝異教の民〟が、いかにしてキリストの福音と出会うに至ったか。これを語るには、遠くはるかな時代、十三世紀のマルコポーロの話から始めることになる。

マルコポーロは元のフビライに仕えたイタリア人であるが、故国に帰って「東方見聞録」を著し、日本のことを「黄金の島ジパング」と紹介したので、ヨーロッパ人の東洋への関心はにわかに高まった。一方、十五世紀になってオスマン・トルコが現れ、東西の交通路を押さえたので、東洋からの必需品である香辛料や茶、絹織物などが高騰し、ヨーロッパ人にとって東洋への新航路発見が切実なものとなった。

このような時代的状況下、ポルトガルを背景とするバスコ・ダ・ガマが一四九八年、アフリカの南端、希望峰を回ってインドに達し、東洋への道を開いた。ポルトガルはやがてインドの西岸ゴアに総督府を置き、さらにマライ半島のマラッカやインドネシアのモルッカ諸島を手中に収めた。また、明（中国）とも交渉し、マカオに居留地を設けることにも成功した。

一方、スペインを背景とするコロンブスは大西洋を渡って一四九二年、西インド諸島を発見した。スペインはその後、南アメリカを手中に収める一方、マゼランをして世界一周をさせたが、彼らは一五一二年フィリピンに到着した。その後、スペインはフィリピンにマニラを建設し、東方進出の基盤を確立した。

ここまで来れば、日本とヨーロッパとの出会いは時間の問題であった。一五四三年、シャム（タイ）から中国の寧波《ニンポウ》（上海の近くにある町）に向かっているポルトガル船があったが、途中、暴風雨に遭い、大隅国（今の鹿児島県）の種子島に漂着した。これがいわゆる「鉄砲の伝来」で、日本人とヨーロッパ人との最初の出会いとなったのである。

それから二年後には豊後《ぶんご》（大分県）にポルトガル船が来航、続いて九州各地の港にも入港するようになって、いわゆる南蛮貿易が始まった。このようにして、日本へのキリスト教伝来の道は完全に整えられたのである。

ところで、このようにヨーロッパの新興国であるポルトガルとスペイン（イスパニア）が争って東洋進出をなしていた頃、ヨーロッパでは宗教改革が勃発、進行していた。この宗教改革運動によって打撃を受けたカトリック教会は、厳しい反省とともに教勢回復に力を入れたが、特にイグナチウス・ロヨラがフランシスコ・ザビエルらと共に起こした修道会——イエズス会はその急先鋒となり、大きな役割を果たした。

さて、このイエズス会に対し、東洋進出をなしつつあったポルトガルが植民地での布教を依頼してきた――もともとポルトガルもスペインも熱心な旧教（カトリック）支持国であった――。このポルトガルの要請に、熱烈なる使命感をもって応じたのがフランシスコ・ザビエルである。彼はまずインドの西岸ゴアに来て活動を開始し、その後、マライ半島のマラッカやインドネシアのモルッカ諸島でも布教に当たった。そのような最中、彼はマラッカで一人の日本人アンジロウ――彼は薩摩の武士であったが罪を犯し、ポルトガル船でマラッカに逃れて来ていた――に出会った。ザビエルはアンジロウを通して日本人の優秀さを知り、日本への布教を決意したといわれる。ザビエル一行六人は、アンジロウの案内で中国のジャンク船に乗り日本に向かったが、彼らが鹿児島湾にある現在の祇園之洲町《ぎおんのすちょう》に着いたのは、一五四九年八月十五日のことである。

2　上陸十カ月で百人を伝道　――日本国王には小型ピアノ、華麗な三連銃

鹿児島に着いたザビエル一行は、薩摩の領主であった島津貴久から歓迎を受け、第一の関門である領内布教の許可を得ることに成功した。

ザビエルの日本宣教の第一声――それはまた、日本民族に対するキリスト教からの第一声でもあったのだが――は鹿児島で発せられた。

まず、彼らは一緒に来た日本人アンジロウの助けを借り、キリスト教の教理を要約した日本語のテキストを作った。そこには天地の創造から世界の審判までのことがこまごまと書かれてあった。ザビエルはこれを携え領主島津家の菩提寺《ぼだいじ》福昌寺を訪れ、山門の石段から聴衆に向かって日に二度これを朗読する、という方法で宣教を開始したのである。

福昌寺は禅宗のお寺であったが、寺の住職はザビエルに好意を示し、ザビエルもこの住職から禅宗について多くを学んだ。ザビエルたちがこのように仏教の僧侶たちから好意を持って迎えられた一つの理由は、彼らはキリスト教の「神」を訳するのに仏教（真言宗）の最高仏である「大日」を当てていたからであった。すなわち彼らは、仏教の一派と見られていたのである。

このようにして、なにはともあれ日本におけるキリスト教宣教の第一歩は開始された。そして、彼らの宣教の熱心が、一人、二人とキリスト教への改宗者を生み出していった。彼らは鹿児島で十カ月間滞在したが、この間百人以上の信者を獲得した。異国における最初の伝道の実りとしては、まずまずの実績といえるであろう。

だが、この順調な布教活動もそう長くは続かなかった。改宗者が増えるにつれ、ようやく仏教の僧侶たちも、ザビエルの教えが自分たちの仏教とは似ても似つかないものであることが分かってきたのである。彼らは、ついに領主島津貴久にザビエルらの布教禁止を迫り、貴久も禁教の方針を取ったので、ザビエルの鹿児島伝道は大きな障壁にはばまれることになった。

ところで、実はザビエルは日本上陸当初から、京の都に上り、国王（天皇）に謁《えっ》して、日本全土に対する布教の許可を取ることを願っていた。そこでポルトガルの支援を得ていた彼らは、長崎の平戸にポルトガル船が入港したのを機会に、一五五〇年ひとまず平戸に移ることにした。平戸では、肥前《ひぜん》（長崎県）の領主松浦隆信《たかのぶ》の歓迎を受け、布教を開始した。しかし、ザビエルは京に向かう目的があったので、平戸伝道を随行員のトルレス（神父：パードレ）に委ね、もう一人の随行員フェルナンデス（修道士：イルマン）と共に都への旅に出発した。

ザビエルは、平戸から博多、山口を経て瀬戸内海へと舟旅を続け、堺に上陸、そこから京都に向かった。彼は日本国王との会見に大きな期待をかけ、日本に向け出発するに当たって十分な準備を整えていた。ザビエルが国王との会見のため用意したものは、次のようなものである。すなわち、ポルトガルのインド総督および同地の司教から国王に宛てた立派な羊皮紙に書かれた紹介状と、国王に献呈するための日本では到底見ることのできない数々の高価な贈物である。その贈物の中には、大型の精巧な時計、七十本もの絃のついた鍵盤のある楽器（小型ピアノ）、美しいガラスの器や鏡などがあったが、それらの中でもとりわけ注目されたのは、三つの銃身を備えた見事な燧石銃《ひうちいしじゅう》――火縄の代わりに燧石を用いた最新式銃――であった。

3　壮麗を極めた大友宗麟との会見　――ザビエルの山口、大分での伝道

期待のうちにザビエルは京都に入ったが、そこで見た都の姿は、あまりにも荒れ廃れたものであった。というのは、その当時の日本は戦国時代末期で、時の室町幕府もあってなきがごとくであり、京の都は応仁の乱（一四六七年～一四七七年）以後、焼け野原になり、ほとんど復興していなかったからである。

ザビエルの期待は全く裏切られ、その上天皇への謁見も許されなかった。彼はわずか十一日間京都にとどまっただけで、失意のうちに一旦トルレスの待つ平戸に引き返した。

国家の最高指導者の布教許可を得ることに失敗したザビエルは、そこで作戦を転換し、戦国社会の実情に即して、地方の有力大名のもとで布教することにした。彼は、当時西日本最大の繁栄を誇っていた周防《すおう》（山口県）を布教の地と定め、領主の大内義隆《よしたか》を訪ねることにした。

実は義隆については、ザビエルが上京の折りに山口に立ち寄った際、彼を訪ねたことがあっ

たが、ザビエルは改めて義隆に会うに当たり、日本国王に用意した数々の豪華な品物と国王に宛てた二通の紹介状を義隆に献ずることにした。それを見て義隆は目を奪われ、ザビエルたちを大いに歓待した。また、彼はザビエルたちに布教を許可するとともに、当時すでに廃寺となっていた「大道寺」を住居兼教会として与えた。ザビエルたちの山口での宣教は、この「大道寺」を拠点として順調にスタートした。ザビエルはここで五カ月間滞在したが、この間洗礼を受けて信者になった人々は五百人を超えた。その中で特に注目されるのは、琵琶法師ロレンソの入信である。ロレンソはその後、日本人で初めての修道士（イルマン）となり、以後四十年以上も持ち前の巧みな弁説で日本布教に大いに貢献した。

さて、ザビエルが山口で布教に当たっていた時、豊後（大分県）の日出《ひじ》港に着いたポルトガル船の船長ドワルテ・ダ・ガマ――彼は以前からザビエルとは親しい間柄であった――を介して、豊後の領主大友義鎮《よししげ》（のちに宗麟と号しキリシタン大名となる）から招請の手紙を受け取った。そこで彼は、これを機に海を渡って大分に行くことにした。

ザビエルが大分の府内《ふない》（大分市）に着いた時、彼を尊敬する船長ガマは、自分の船を旗の波で飾り、数発の礼砲をもって迎えたが、その時ならぬ響きに府内の町は騒然となったという。

ザビエルが義鎮を域内に訪ねた時、ガマの船の乗組員であったポルトガル人や奴隷たちは、ことごとく盛装して随行した。彼らは三そうの舟に分乗し、にぎやかにチャルメラ等の楽器を奏でながら川を上って府内の町に入ったが、行列の華やかさには町の人々も大いに驚かされた。

この日、ザビエルは黒い法衣の上に美しく刺繍された真っ白な司祭服を着け、いかにも神の言葉を伝える者にふさわしい威厳をもって義鎮との会見に臨んだ。彼が座につく時、随行のポルトガル人は色鮮やかな豪華な合羽《かっぱ》を、その下にさっと広げた。

会見は大成功であった。義鎮はザビエルとの出会いを通して深い感銘を受け、喜んで布教の許可を与えた。

ザビエルはここで約二カ月の間滞在し、布教に当たったが、この時点で彼は、もはや最大の危機は過ぎ去り、日本での布教が軌道に乗ったと判断した。そこでザビエルは、東洋宣教の前線基地であったインドのゴア——彼は依然としてそこにおける伝道本部長でもあった——の状況も気がかりであったので、日本を離れることを決意し、一五五一年十一月十六日、ガマの船でゴアに向けて出帆した。

ゴアに戻ったザビエルは、その後、日本の布教を成功するには日本に大きな影響を与えた中国の宣教が不可欠と考え、中国への布教を志した。彼は、香港《ホンコン》に近い上川《シャンツァン》島で入国の機会を待っていたが、不幸にもそこで熱病に冒され一五五二年十二月、四十七歳の生涯を終えた。

4　胸に十字架、腰にロザリオ

――キリシタン大名の出現、日本最初のクリスマス

ザビエルが日本を去ったあと、トルレス（神父）とフェルナンデス（修道士）が日本に残った。彼らは山口にとどまっていたが、領主義隆の跡を継いだ大内義長《よしなが》もキリシタンに好意的で、トルレスたちは義長の許可を得て一五五二年、それまでの「大道寺」を建て替え、新しい教会堂を造った。そしてその年の冬、日本で最初の降誕祭（クリスマス）がこの新しい「大道寺」で盛大に行われた。

ところが、その後、毛利勢が来襲し大内義長は自害、山口の町は兵火で焼け野原になってしまった。そこでトルレスとフェルナンデスは、数名の信者を連れて豊後の大友義鎮のもとに逃れた。その頃、豊後の府内には、ゴアに帰ったあとザビエルが派遣してきたバルタザル・ガゴ（神父）とドワル・ダ・シルバ（修道士）がすでに滞在していた。トルレスらが移って来てからは、この府内が日本布教の本部となった。

豊後の領主大友義鎮は、初め、キリスト教に心引かれながらも一時、禅宗に入道して宗麟《そうりん》と

号したが、のちに受洗してキリシタン大名の一人に加わった。受洗してからの宗麟の信仰は固く、その後、幾多の試練にも彼の信仰は揺らがなかった。

ところで、この頃長崎の平戸は、南蛮貿易の中心港としてにぎわっていたが、平戸の領主松浦隆信は、教会に対して冷たい態度であった。そこで教会側が画策し、平戸に代わる貿易港として大村領の横瀬浦《よこせうら》（佐世保の対岸にある港）を選んだ。領主の大村純忠は、この申し出に喜び、教会側に対して大いに便宜を図ることを約束した。

ポルトガル船が横瀬浦に入港するようになるにつれ、大村純忠《すみただ》は急速にポルトガル人や宣教師たちとの親交を深めていった。彼のキリスト教に関する細かい質問に対しては、日本語の達者な修道士フェルナンデスが納得のいくまで説明した。

さて、このころ横瀬浦の上空に不思議な十字架の幻影が現れ、人々を驚かせた。その幻影は決まって午後に現れ、三日間続いた。そこで横瀬浦の信者たちは、この奇跡を記念するため、港の入り口にある高い島の頂上に、遠く海からでも見えるよう大きな十字架を立てた。

純忠の信仰は一層進み、ついに金の十字架を首にかけて公然と家臣の前を歩くようになった。そしてついに洗礼を受けることになったが、その夜、彼は家臣ら一同も連れて来て夜明けまで熱心に説教を聞いた。トルレスは純忠がすでに教義を覚え、神（デウス）について十分悟ったのを見て洗礼を授け、彼にバルトロメオという霊名を授けた。一五六二年、純忠はこのようにして最初のキリシタン大名となった。

純忠は固い信念のもと、受け入れた信仰を少しのためらいもなく実行した。彼は兄の義直《よしなお》に仕える身であったので、洗礼を受けた次の朝、義直の要請により軍勢を率い戦場に向かった。向かう途中、いつも武士たちが出陣の時に祈る守護神の祭ってある社《やしろ》の前に来たが、彼は「これまでに幾度欺かれてきたことか」といってこの社に火を付け、一気に焼き払ってしまった。そして、その跡に彼は、大きな十字架を立て戦勝のための敬虔な祈りを捧げた。

神社に火をつける等ということは、今から見ればかなり過激な振る舞いであるが、当時の宣教師たちはこのような方針を取り、キリシタン大名のもとでは神社仏閣が破壊されることも多かった。純忠の行動もそのような脈絡から理解されるべきである。その日から〝デウス〟が彼の新しい守護神になった。首に金の十字架をかけ、帯にロザリオ（祈りを数えるための一種の数珠《じゅず》）をつけ、両肩と背に〝デウス〟の文字をつけた陣羽織を着て、彼は意気揚々と出陣した。

5　畿内への宣教とその伸展　――ロレンソの活躍、高山右近らの入教

織田信長が桶狭間で今川義元を破り、京都に上って日本は新しい統一国家への道を歩みつつあった。その頃日本のキリシタンもやっと九州での布教基盤を築き、畿内（関西地方）への宣教を始めていた。

畿内への開拓を命じられたのはザビエルのあとに送られて来たビレラ神父と、日本人で琵琶法師から修道士になったロレンソである。

彼らは京都や堺を拠点として宣教に当たったが、九州のように南蛮船を領内の港に来港させるというような有利な宣教方法は使えず、彼らの宣教活動はまさに開拓伝道そのものであった。最初、彼らは京都に赴き、そこで布教の拠点として一軒の小屋を借りた。その小屋は見るからに貧しく、戸も窓もなかった。彼らは装飾のために掛布団を壁に掛け、その上に墨で十字架を書いた紙を張って布教所の体裁を整えた。

だが、常識を超えて事態は進行した。事が新奇なこともあって、その小屋には見物を兼ねての来訪者が絶えず、ついにその中から信徒になる者が現れ、その数が増えてきたのである。

そのころ畿内で最も力を振るっていたのは、奈良に主城を持つ松永久秀《ひさひで》であった。彼は熱心

な法華教の信者であったが、ビレラたちの宣教が拡大し、仏教徒たちからの突き上げの声が大きくなるに及んで、ついにキリシタンの追放を画策し始めた。久秀は彼の相談役であった沢城の城主高山飛騨守《ひだのかみ》の進言に従い、京都でも名を馳せていた二人の有能な学者を選んで、ビレラたちに宗論を吹きかけることにした。選ばれたのは久秀の家臣でもあった結城山城守忠正《ゆうきやましろのかみただまさ》と、公卿生まれの清原枝賢《えかた》である。

宗論は、ふとしたことから始まった。一人のキリシタン信者がたまたま訴訟の申し出のため結城山城守を訪ねたが、そこで話がキリシタンのことに及ぶと、がぜんその信者は力を得てキリスト教の教義や神（デウス）について確信を持って堂々と語り出した。また、結城山城守の質問に対しても適確な答弁をして、彼を驚嘆させた。

そこで結城山城守は、末端の信者にもこれだけの確信を与えられるキリシタンの教えに心を引かれ、当時堺にいたビレラ宛に、奈良に出向いて教えを聞かせてほしい旨の手紙を書き、その信者に持たせた。

手紙を受けたビレラは、まずロレンソを彼のもとに送った。ロレンソは、結城山城守と清原枝賢の前で弁舌さわやかに教えを説き、数々の質問に答え、多くの議論を戦わせた末、ついに二人を入信させることに成功した。

その後、ビレラが奈良に赴き、二人に洗礼を授けた。二人が入信したことを知ったこの計画の立案者高山飛騨守もビレラを訪れ、二昼夜にわたって熱心にその教えを聞いたが、その結果彼も洗礼を受けることになった。それは、まさに〝神側〟の痛快な勝利であった。

なお、その後、清原枝賢の娘も受洗して清原マリヤとなったが、彼女はのちに細川忠興《ただおき》の夫人玉子に仕えて同夫人を教化、受洗させて、いわゆる細川ガラシアを誕生せしめるのである。

さて、キリスト教の信仰を受け入れ沢城に戻った高山飛騨守は、家族や家臣を教化するためビレラのもとに手紙を送り、ロレンソを派遣してくれるよう求めた。ロレンソは直ちに沢城に向かい、数日にわたって熱心に説教を続けたが、その結果、ついに百五十人の者たちが受洗することになった。そこには高山飛騨守の夫人や、のちにキリシタン大名として最後まで信仰を貫き波瀾の生涯を送った長男高山右近《うこん》も入っていた。

6　京にそびえる三層の南蛮寺　――フロイス神父、巡回師バリニャーノの活躍

畿内の布教はビレラとロレンソによって始められたが、第二期はルイス・フロイス（神父・一五六三年来日）らによって推し進められた。

天正元年（一五七三年）信長は、将軍義昭を追放して自己の独裁的立場を確立したが、彼は終始キリスト教に対して関心を示し、また好意的であった。京都の布教を任されたフロイスは、信長に謁して布教の許可を得ることに成功し、その保護のもと、京都での布教は大いに進展した。

教勢が盛んになり身分の高い人の来訪する機会も多くなってきて、信徒の間でも新しい会堂を建てたいという声が高くなった。そこでフロイスは信徒たちの要望を入れ、首都にふさわしい立派な教会堂を建てることにした。教会の構造は、得た地所が狭かったこともあって三階建てとし、一階が会堂で、二階、三階が宣教師たちの住院とすることになった。工事は、大名から武士、庶民に至るまで広範囲で献身的な信徒の協力を得て、順調に進んだ。材木は河内《かわち》の山地から淀川を使って伏見まで運ばれたが、武士たちは冷たい水の中、裸で飛び込み、喜んで木材を組んだ。貧しい信者たちは家で縄をなって持参し、また大工たちのため、米や煮鍋を家から運んできた。中には畳百枚分を作らせ、寄進した貴婦人もいた。

だが、工事が進行するうち、周囲の住民から思いがけない反対の声が上がった。その理由は、町の真ん中に南蛮人の寺が立つのは目障りだというのである。また、高い所から南蛮人に見降ろされては、近くの家の女は外にも出られないということであった。これらの声は信長にも伝えられたが、彼はこれを聞き入れず、工事は彼の保護のもと続行された。

この新しい教会堂は、天正五年（一五七七年）に落成し、その美しい姿を京の町にそびえ立たせた。落成式は盛大に行われ、当日は、京都はもちろん畿内の各地から、多くの信徒が集まってきた。当時、高槻城主であった高山右近は、父飛騨守と共に二百人を超える親族や家臣を連れて参列した。この教会堂は「昇天の聖母の会堂」と命名されたが、京都の人々は南蛮堂または南蛮寺と呼んで、京都の名所の一つとなった。

さて、ザビエルに次いで東洋の布教史に大きな足跡を残した巡察師アレッサンドロ・バリニャーノが来日したのは、それから二年後のことである。彼はポルトガル船で島原半島の国之津《くにのつ》に入港したが、当時、そこの領主はわずか十一歳の有馬晴信――当時はまだ有馬鎮純《しげずみ》と称していた――であった。彼は、初めて大名として洗礼を受けた大村純忠の兄、有馬義貞の子供で、この有馬父子は、純忠の影響により親子そろって洗礼を受けたのである。ところが父義貞は受洗後急死したため、若いながらもその子晴信が跡を継いでいたのであった。

バリニャーノは、到着後すぐさま晴信のもとを訪ねたが、その時には晴信は周囲の事情から教えを棄てていた。晴信はバリニャーノを快く迎え、キリスト教の保護を約束するとともに、もう一度心を入れ替え入教したいとの希望を示した。晴信はのちに、バリニャーノから改めて洗礼を受けたが、その後は模範的なキリシタン大名になった。

バリニャーノは、来日とともに卓越した能力をもって日本の伝道の指導に当たった。まず、彼は全国を三つの教区（京都、大分、長崎）に組織化し、次に、教育機関を整備して各地にセミナリオ（神学校）やコレジオ（学校）を建てた。

天正九年（一五八一年）バリニャーノは上京し、信長に謁した。信長は初め、あまりにも背の高いバリニャーノに驚いた様子であったが、大いに歓待し、話は尽きなかった。さて、バリニャーノの一行に一人の黒人が従者として加わっていたが、信長もそのうわさを聞き、ぜひ見たいものだと言ったので、のちにバリニャーノは信長のもとにその黒人を連れていった。その時、信長はもともとその男の肌の黒いことが信じられず、上半身を裸にさせて水で洗わせたが、ますます黒光りして、その肌が漆塗りのようになったという。この黒人は信長の要請によって献納され、彼の従者の一人に加えられた。

信長の時代は、キリスト教にとって順風の時代で、この頃、父の影響を受け、若くしてキリシタンになった小西行長なども、その後、キリシタン大名の一人として頭角を現してくる。

7　天正遣欧少年使節　――日本の少年、海を越えローマに

バリニャーノは日本を去るに当たって、九州のキリシタン大名（大友宗麟、大村純忠、有馬晴信）の代理として少年による使節をローマ教皇のもとに派遣する計画を立てた。これが「天正遣欧少年使節」である。

選ばれたのは四人の少年で、正使として伊東マンショと千々石《ちぢわ》ミゲルが、副使として中浦ジュリアンと原マルチノが選ばれた。大友宗麟の名代として選ばれた伊東マンショは、宗麟と姻戚関係にある母、伊東町上《まちのうえ》と父、伊東祐清《すけきよ》の間に生まれた。また、大村純忠と有馬晴信の名代として選ばれた千々石ミゲルは、大村純忠と有馬晴信の父（義貞）の弟、千々石直員《なおかず》の子供であった。副使として選ばれた中浦ジュリアンは長崎中浦の生まれで、原マルチノも同じく波佐見の生まれであるが詳しいことは分かっていない。この四人はいずれも当時十四、五歳の少年であった。この他に、通訳や道中の少年たちの教育、世話等の使命を持った五人の随行員――その内二人は外国人であった――が選ばれたが、これに離日するバリニャーノを入れ、一行は十人であった。

東西交流史上の壮挙となった「天正遣欧少年使節」一行が長崎の港をあとにしたのは、一五八二年（天正十年）一月末のことである。

一行はアフリカの喜望峰を回りローマに達すべく南下を始めたが、早くも三日目に東シナ海のまっただ中で激しい嵐に見舞われた。彼らの乗り込んだ千トンにもなるポルトガル商人の巨船も、自然の猛威の前に木の葉のように翻弄された。しかし十七日後、嵐のおかげで予定より早く最初の寄港地マカオに着いた。

彼らはそこに九カ月ばかり滞在したあと、またもや嵐にさいなまれつつマラッカに向かった。その後、船はようやくインド洋に入ったが、今度は嵐ならぬ凪《なぎ》の恐怖が待っていた。炎熱の中で食物は腐敗し、病人が続出した。そして多くの苦難の末、彼らはやっとインドのゴアにたどり着いたのである。このゴアにはイエズス会の東洋管区宣教本部があったが、そこの管区長であったバリニャーノは、そこにとどまることになり、他の神父が代わって一行を案内することになった。彼らは涙のうちにバリニャーノと別れ、ゴアをあとにした。

船はアフリカの喜望峰を回り、ポルトガルの首都リスボンに向かったが、またもや赤道直下の熱風地獄が彼らを待ち受けていた。途中、彼らは大西洋上の孤島でナポレオンの流刑地で有名なセント・ヘレナ島に立ち寄った。苦難の航海を続けてきた彼らにとって、そこは砂漠のオアシスのようにも思われ、一同大いに元気を取り戻した。

船足軽くセント・ヘレナ島を出帆した彼らは、ゴアを出てから五カ月余り、日本を出てから二年六カ月を費やして船の目的地ポルトガルのリスボンに到着、ヨーロッパの土を踏んだ。一五八四年八月のことである。

一行は陸路ポルトガルからまずスペインに向かった。彼らは道中、各地で盛大な歓迎を受けながらスペインの首都マドリードに到着したが、そこでは当時ポルトガルとスペイン両国の王を兼ねていたフェリッペ二世に謁見した。その後、彼らは地中海に出て海路イタリアに向かい、ピサ、フィレンツェを経て、ついに一五八五年三月、教皇のひざもとローマに到着した。

彼らは時の教皇グレゴリオ十三世の意向により、特別に「帝王の間」で公式謁見が許された。この時、中浦ジュリアンは病気のため参加できなかったが、他の三人は教皇の足もとにひざまずき、その足に接吻し、続いてその手に接吻した。八十四歳になる老教皇は、まさに地の果てから訪ねてきた日本の若者を目に涙を浮かべて迎え、親しく引き寄せて抱擁した。

実は、その日から数えて十八日後に教皇グレゴリオ十三世は逝去、続いて教皇シスト五世が新たに教皇として選出されたが、使節らはその載冠式にも参加を許された。彼らは新教皇から日本布教のための援助金の増額と一行の旅費を賜り、またローマ市からは、公民権を与えられた上に貴族に列せられた。

このようにしてローマ訪問を終えた一行は、ますます盛大な歓迎を受けながら北イタリアの諸都市を巡り、スペインを経てポルトガルのリスボンに帰った。

8　宣教師追放令と迫害の始まり　――ポルトガル・フスタ船の脅威

歴史的な偉業を果たした少年使節たちは、一五八六年四月、再び船上の人となった。彼らは春たけなわのリスボンをあとに、一路バリニャーノの待つインドのゴアに向かった。アフリカのモザンビークを経てゴアに着いた彼らは、懐かしいバリニャーノとの再会を果たしたが、バリニャーノは、今度はインド総督使節という肩書きで、再び彼らと一緒に日本へ行くことになった。ゴアを出発した一行はマカオを経由して、一五九〇年（天正十八年）六月、長崎に到着、少年使節らは日本を出てから八年ぶりに懐かしい故国に帰ってきた。

彼らが日本に帰った時はすでに信長は去り、秀吉の時代になっていた。そして、その時にはすでに秀吉によるキリスト教の弾圧が始まり、「宣教師追放令」も出ていたのである。しかし、宣教の問題には触れないという約束で帰国したバリニャーノと少年使節一行は、秀吉に謁見を許された。秀吉は終始上機嫌で四人の少年に「自分に仕えるつもりはないか」などと聞いたという。

秀吉は当初、教会に対しては極めて好意的であった。ところが一五八七年、突如「宣教師追放令」を出したのである。この真因はいまだに明らかではないが、次のような話が伝わっている。当時、日本の副管区長をしていた宣教師コエリョが側近を連れて、大阪城に秀吉を訪問したことがあった。秀吉は大いに彼らを歓待し、話は全国統一から朝鮮、中国への出兵にまで及んだ。

気を良くしたコエリョは、九州出陣の時には自分が九州のキリシタン大名を結束させて参戦させようと言い、大陸侵攻の時には大型船をポルトガル人に提供させようとまで言った。これを横で聞いていた高山右近は大いに気をもんだという。というのは政治や軍事に触れた不用意な発言は、秀吉に教会に対する警戒心を抱かせる結果になりはしないかと心配したからである。

また、次のような話も伝わっている。秀吉は九州平定のあと、博多にとどまっていたが、コエリョは戦勝を祝うため秀吉のもとを訪れた。彼はフスタと呼ばれる船で博多に来ていたが、このフスタ船は小さいけれども大砲を備え、防備も頑丈にできている軍船であった。ある日、秀吉は数隻の船を従えて通りかかったが、このフスタを見て近付いてきた。コエリョは喜んで秀吉を迎え入れ、船内をくまなく案内したあと、ポルトガルのワインと砂糖菓子で歓待した。秀吉は船の構造の素晴らしいことを認め、上機嫌で帰っていった。あとでそれを聞いた高山右近と小西行長は愕然《がくぜん》としたという。それは小型ながらも十分な戦闘力を備えているフスタ船を見て、秀吉はどう思ったかを心配したからであった。

そして、彼らの心配していたことが現実のものとなる日がやって来た。事の次第は次のようであった。秀吉は当時、まだポルトガルの大型船を見たことがなかった。彼はコエリョを通じてポルトガルの大型船を博多に回すよう命じた。命令は船長に伝えられたが、大型船を博多に回すことは航行上大きな危険が伴うので不可能であった。そこで船長は、たくさんの進物を用意して秀吉のもとを訪れ、航行上無理なことを伝えて、許しを願った。秀吉はこれを了承し、同伴した神父やその他の人たちをも親しくもてなした。ところが、秀吉の心が豹変したのはその夜のことであった。一五八七年六月十九日、彼は突如博多の陣中から全国に向けて「宣教師追放令」を発したのである。

それ以後、日本のキリシタンは、ザビエル以来の四十年にわたる順境の時代が終わり、厳しい迫害の時代へと突入してゆくことになった。この時点における宣教の成果は、全国人口二千万人のうち信徒が二十万人に達し、教会数は二百を超えていた。

9　サン・フェリペ号事件　――キリシタン殉教史の始まり

秀吉が「宣教師追放令」を出し、キリシタン弾圧に乗り出したのは、実は九州の代表的なキリシタン大名であった大友宗麟と大村純忠があい前後して世を去った直後のことであった。秀吉がこの時機に「追放令」を出したのは、これを機会にキリシタン大名の信仰による連携を断ち切ろうと考えたからであるとの見方がある。この時、やり玉にあげられたのはキリシタン大名の中でも指導的役割を果たしていた高山右近であった。彼は秀吉より棄教を命ぜられたが、それを拒んだため領地を没収され地位を失った。

ところで「宣教師追放令」の出された当の宣教師たちはどうであったのだろうか。彼らは一旦副管区長コエリョのいる平戸に集まり善後策を練ったが、結局そのまま日本にとどまり、ひかえめに布教活動をすることにした。この時点では、まだ幕府からの迫害は厳しいものではなく、なお布教は進展した。その後も、和歌山城主浅野幸長や弘前城主津軽信牧《のぶひら》等が入信している。

ところが一五九二年、フランシスコ修道会の宣教師バプテスタがスペインの使節として来日するようになって様子が変わってきた。

当時、日本の貿易の相手国はポルトガル一国であった。イエズス会はこのポルトガルを背景に布教に当たっていたのだが、そこにスペインを背景とするフランシスコ会が現れ、彼らはそれまで布教に当たってきたイエズス会と歩調を合わせず、独自に活動を開始したのである。彼らは「追放令」下にあるにもかかわらず、京都や大阪を中心に公然と布教を始めた。彼らの行動は一般からもイエズス会からも非難を受けることになったが、この新しい状況の変化が、やがて「二十六聖人の殉教」の悲劇にまで発展してゆくのである。

その悲劇は一五九六年、マニラからメキシコに向かう一隻のスペイン船が暴風雨に遭い、土佐の浦戸湾に流れ着いたことから始まった。その船の名前は「サン・フェリペ号」である。秀吉は知らせに基づき、増田長盛《ながもり》を浦戸に派遣したが、その時全ての積荷と二万五千ペソにのぼる乗組員の全ての所持金が没収されてしまった。なぜ秀吉は、このような強硬な態度に出たのか定かではない。一説には調査に当たった増田に対し、乗組員の一人が世界地図を広げてスペインの植民地を見せ、スペイン王国の力の誇示を行ったからとか、また一方では秀吉の近くにいたポルトガル人がライバルのスペイン人を悪く言い、「彼らは海賊で、フランシスコ会の布教ののち、その国を植民地にしてしまうのだ」と言ったからともいわれる。

いずれにしても、秀吉は、この「サン・フェリペ号事件」を通して宣教師たちは国土侵略の前衛部隊であるとの観念を強く抱くようになり、そして公然と布教を展開しているフランシスコ会の動きを見て、ついに弾圧を開始したのである。すぐにもバプテスタを含むフランシスコ会やイエズス会の神父や修道士、そして三人の子供を含む日本人信徒を合わせて二十四人が次々と捕らえられた。このようにして長く悲惨を極める日本のキリシタン殉教の歴史は始まった。

10　二十六聖人の殉教　――「母よ、泣かないでください」

一般に「二十六聖人の殉教」と呼ばれる殉教事件であるが、最初に捕まったのは前述の二十四人であった。あとの二人は、一行が処刑場の長崎に送られる途中で加えられたのである。大阪と京都から集められてきた囚人たちは一五九七年一月二日、京都の牢屋で合流した。その夜の牢屋は、殉教の信仰に燃えた信徒たちの祈りと讃美でいっぱいになった。翌日、彼らは牢から出され、上京一条の辻で、罰として全員左の耳たぶをそがれた。その後、彼らは血だらけの姿で牛車に乗せられ、見せしめのため都中を回された。

一月四日、一行二十四人は朝早く都を出発し、長崎までの殉教の旅が始まった。彼らは一旦、見せしめのためであろう大阪から堺まで連れていかれ、そこでしばらくとどまった。その後、大阪に戻され、一月十日、いよいよ二百人ばかりの番人に囲まれて山陽道を下り始めた。彼らは明石、姫路を通過、十三日には塩田に囲まれた赤穂《あこう》に着いた。その後、一行は岡山、尾道を通過、十九日の夕には三原（広島県）に着いた。この夜、十四歳のトマス小崎は母へ別れの手紙を書いた。「母上よ、泣かないでください……」で始まるこの少年の手紙に母親は泣いたであろうが、我々も涙を禁じ得ない。

一行が広島、山口を経て下関に着いた時には、殉教者の群れは二十四人から二十六人に増えていた。京都から一行の世話をするためについて来た二人の信徒が、途中でこれに加えられたのである。彼らは船で小倉に渡り、博多、唐津と進んだが、二月一日、唐津の近くの山本に泊った。そこでの話であるが、なんとか子供だけでも救おうと、役人は十二歳のルドビコ茨木に信仰を棄てるように勧めた。しかし、彼は「天国に行くほうがいい」と言って、その話を打ち切ったという。

二月四日になって彼らは小船で大村湾を渡り、ついに長崎に近い時津《ときつ》の浜に着いた。彼らが着いたのは夜の十一時頃であったので、彼らはそのままそこで夜明けを待たねばならなかった。二月上旬のそこでの夜空の寒さは、彼らにはこたえたに違いない。そしてこのつらい夜は、彼らにとって最後の夜となったのである。

一五九七年二月五日、いよいよ彼らの処刑される日を迎えた。彼らが長崎の浦上まで行く途中、その日に処刑されることが伝えられた。殉教者たちは浦上から彼らの処刑場となった長崎の西坂に向かって、ロザリオの祈りを唱えながらゆっくりその道を歩んだ。大阪を出てからすでに二十七日目を迎えていた。

一行が刑場に向かう途中から長崎の市民たちが彼らを出迎え、それに従ったが、その数は見る見る増えていった。彼らも殉教者と共に声を合わせて祈り、讃美をしながら道を歩んだ。

一行が刑場に入ったのは午前十一時頃であったが、彼らは直ちに十字架につけられ、丘の縁に町に向かって並べられた。十字架につけられた者たちは歌い始めたが、その場にいた四千人の信徒もそれに和して歌い、また祈った。この時、殉教者たちの一人で日本人イルマン（修道士）三木パウロは、十字架上からなお霊に燃え、説教したことは有名である。彼らは次々に脇腹から肩にかけて槍で突かれ、絶命していった。

殉教が終わるやいなや、今まで泣いたり祈ったりしていた見物人は、一勢に役人を突きのけて殉教者の十字架のもとへと駆け寄った。昼の十二時には全ては終わっていた。

長崎の市民は十字架が取り去られたのち、その跡に二十六本の椿の木を植えたが、その椿の木は毎年、西坂の丘の上に美しい花を咲かせた。

さて、その後一六〇二年になって教皇は、日本宣教はイエズス会に限らないとの命を下した。その結果、迫害下にもかかわらず、日本宣教を目指しフランシスコ会をはじめドミニコ会やアウグスチヌス会からも続々と宣教師が来日した。その中でもフランシスコ会は伝道に成功し、関東一円に基盤を築いた。

11　ウィリアム・アダムスと徳川幕府　――新教徒登場の波紋

「二十六聖人の殉教」があった次の年、一五九八年、秀吉は死んだ。それ以後、家康が全国の覇権を握るまでのしばらくの間に、日本のキリシタン布教史上、大きな影響を及ぼす一人の人物が登場する。それはイギリス人、ウィリアム・アダムス（三浦按針）である。彼の名は直接、キリシタン布教史に出てこないが、彼は外交顧問として長く家康に仕え、徳川幕府のキリシタン政策にも大きな影響を与えた人物である。

当時、欧州ではポルトガルとスペインが東洋貿易の全てを握っていたが、一五八八年にスペインの無敵艦隊がイギリスによって撃破されるや、スペインの国力は急激に衰え始めた。そしてそれに代わってオランダやイギリスが東洋貿易に乗り出して来た。ウィリアム・アダムスがイギリス人で、彼が水先案内人として乗っていた船がオランダの船というのも、そのような背景を物語るものである。

アダムスは、もともと英艦隊の艦長を務めたことのある人物で、雇われてオランダ船リーフデ号に水先案内人として乗り込んでいた。彼らはオランダのロッテルダムを出港し、大西洋を南下、西回りで太平洋を横断してモルッカ諸島に向かった。しかし、途中多くの災難に遭い、進路を日本に変更して、ようやく出港して二年後の一六〇〇年、豊後（大分県）の海岸に漂着したのである。

日本に着いたときには、初め百人を超えていた乗組員が、病人を入れても二十四人になっており、その中でも歩行に耐える者はわずか五、六人であったといわれるから、彼らの航海がいかに苦難に満ちたものであったかが分かる。

彼らが漂着したのは、豊後の臼杵《うすき》に近い場所であった。当時、臼杵の城主であった大田重正は、リーフデ号を臼杵まで曳航《えいこう》させ、乗組員たちを保護した。

ところで、その頃大阪城西の丸にいた家康は、すでに次期政権担当者としての自覚の上に、いろいろと外交上の問題にも関心を寄せていた。彼はリーフデ号の漂着を知るや、直ちにその船長を呼び寄せたが、この時船長は体力的に行ける状況でなかったので、代理としてアダムスが家康のもとに向かった。アダムスは家康の問いに対し、来航の事情や行程、またヨーロッパでの国際情勢や宗教事情等について詳しく語り、イギリスやオランダも日本との通商を希望していると伝えた。

家康はアダムスを優遇し、江戸の日本橋の近くに邸《やしき》を与えた。また関ヶ原の戦いののち、覇権を握った彼は、アダムスに浦賀に近い三浦郡逸見《へみ》に二百二十石の領地を与えた。アダムスの日本名を三浦按針と呼ぶが、三浦は三浦郡の三浦で、按針は当時、水先案内人のことを按針と呼んだところから来ている。ちなみに、のちに日本橋の一角を按針町と呼ぶようになったが、それは彼の邸がその当たりにあったところから来ている。また、東京駅に八重洲口という出入口があるが、そこはアダムスと共に来日したヤン・ヨーステンの邸があったところから来たもので、彼も家康から重く用いられた。

ところでアダムスの来日が大きな意味を持つ理由は、彼はすでに宗教改革の終えた新教（プロテスタント）国出身であり、またポルトガル、スペインに代わる新興勢力イギリス、オランダを背景にしていたことである。彼らは在来の宣教師たちとは宗教的感情からも国家的利害関係からも真っ向から対立する立場にあった。のちに、アダムスは家康の外交顧問として日本の国政に大きな影響を持つようになったが、彼はポルトガルやスペインの布教の背後には領土的野心のあることを示し、宣教師を持たないイギリスやオランダ――これらの国は宗教改革直後で、まだ海外宣教の体制が整っていなかった――との通商を進言した。このようなことが、のちに徳川幕府をキリシタン迫害に踏み切らせる一因となったと見ることができるのである。

12　慶長遣欧使節　――支倉常長の欧州訪問

一六〇九年九月三日、フィリピンからメキシコに向かっていた一隻のスペイン船が、千葉県房総沖で座礁した。乗組員はやっとのことで陸地にたどり着いたが、その中にフィリピンの総督の任務を解かれた帰国途上のドン・ロドリゴが含まれていた。

かねてからスペインとの通商を開きたいと願っていた家康は、彼らを駿府《すんぷ》（静岡県）の城に招き入れた――この時、家康はすでに将軍の位置を秀忠に譲り、自分は駿府の城より日本の政治に関与していた――。家康の通商を開きたいとの意向に対し、ロドリゴは、具体的な話し合いの担当者として日本に来ていたフランシスコ会宣教師ルイス・ソテロを選び、これに当てた。

ところで、このソテロという人物は信仰に燃えるあまり、いささか現実を超越する向きがあった。そのようなソテロの性格も手伝って、この交渉はロドリゴの予想を超え、ついに日本船による初の太平洋横断メキシコ行き（当時、メキシコはスペイン領でスペインの太平洋貿易の基地でもあった）という事態にまで発展したのである。

選ばれた船は、家康がウィリアム・アダムスに造らせた百二十トンばかりの帆船で、そこには船を操縦するスペイン人のほか、田中勝介《しょうすけ》ら二十二人の日本人が乗り込むことになった。なお、難破して帰途を断たれていたロドリゴも、この船でメキシコに帰ることとし、また、家康と秀忠の親書をメキシコからスペイン国王まで届けるためフランシスコ会のアロンソ・ムニョスも同船することになった。彼らは一六一〇年八月、浦賀を出航し、十月末頃メキシコのアカプルコに着いたが、翌年、同行した日本人は無事帰国した。

さて、このような時代的な流れの中、仙台の伊達政宗もメキシコとの通商を望んでいたが、江戸で親しくなった宣教師ソテロの勧告に従い、スペイン、ローマ（教皇）への使節の派遣を思い立った。いわゆる「慶長遣欧使節」である。

彼は、将軍秀忠の同意を得て、仙台に近い月の浦（石巻市）に五百トンにもなる大型帆船を造らせた。また、使節として政宗の家臣支倉常長《はせくらつねなが》が選ばれ、宣教師ソテロが副使として通訳兼案内役を務めることになった。その他、この船には百五十人もの日本人が乗り込み、また多くの通商のための品物が積み込まれた。

一六一三年（慶長十八年）十月二十八日、使節一行は伊達政宗からのスペイン国王とローマ教皇宛の親書を携え、月の浦を出航、はるかなる太平洋に乗り出した。彼らは九十日後メキシコのアカプルコに到着したが、支倉は随員の大半をそこに残し、陸路大西洋に出て、そこから船でスペインに向かった。一行はスペインのサン・ルカール港に上陸し、そこからスペインの首都マドリードに向かったが、途中、ソテロの故郷セビリアに立ち寄り、そこで盛んな歓迎を受けた。

一六一四年十二月、マドリードに入った彼らは、翌年一月、国王フェリペ三世に謁《えっ》し、政宗からの親書を手渡した。支倉は、そこからローマに行くに当たり、国王自ら列席のもと、そこで洗礼を受け、ドン・フェリペ・フランシスコの霊名が与えられた。

その後一行は、地中海を渡り、ついに一六一五年十月、ローマに到着した。彼らはローマ市民より盛大な歓迎を受ける中、時の教皇パウロ五世に謁する光栄を得、そこで政宗からの親書を献呈した。このときの親書こそ、本稿冒頭に触れている正宗から教皇に宛てられた書状である。

しかしながら、今回は、国王からも法王からも、天正の少年使節の時のような色よい返事をもらうことができなかった。というのは、宣教師を送ってほしいという政宗の儀礼的な要請にもかかわらず、依然日本では厳しい禁教政策のとられていることが、別のルートで国王や教皇に知らされていたからである。また、日本とメキシコとの通商の問題についても、王の諮問機関がフィリピンの対日貿易に影響を与えるとして、反対していたためでもあった。

支倉の一行は目に見える成果を得られないまま、ローマからスペインに戻り、メキシコ、マニラを経由して、禁教の色濃くなっていた日本（仙台）にひそかに帰り着いたのは、一六二〇年（元和六年）のことである。

13　徳川幕府の「禁教令」――くりひろげられる抗議の行列

徳川幕府は、初めのころは宣教師の日本入国を禁止してはいたものの、キリスト教の布教は黙認していた。それは、貿易相手国の気を損なわず、通商貿易を続けるためであった。

ところが、徳川幕府の禁教への態度は、一つの奇妙な事件がきっかけで表面化することになった。一六一二年（慶長十七年）、代表的な九州のキリシタン大名の一人、有馬晴信は、長崎奉行長谷川左兵衛の下臣岡本大八との間で策謀にかかり、問題を起こしてしまった。これが幕府の知るところとなったが、これが封建体制の根幹となる所領問題に関係していたため、結局、大八は直ちに火刑、晴信ものちに切腹を命ぜられることとなった（岡本大八事件）。この時、両者ともキリシタンであったこともあって、幕府はこれを契機に禁教への態度をあらわにしてきた。まず、家康は自己の居城駿府城内にいた武士の信者十三人を追放し、また、おたあジュリアほか二人の女中を島流しの刑に処した。——おたあジュリアの大島への流刑は有名——。

このように幕府が、強気でキリシタン弾圧に乗り出した背景には、前述したようにオランダ、イギリスの出現があり、もはや宣教師を運んで来るポルトガルやスペインと交易する必要がなくなってきていたからである。幕府は、当時、オランダやイギリスから、ポルトガルやスペインのキリシタン布教の背後に領土的野心のあることをくりかえし警告されていた。

一六一三年（慶長十八年）、幕府はついに「禁教令」を発布し、大々的なキリシタン弾圧に乗り出してきた。迫害は京都から始められた。まず市内の二カ所にあった会堂が破壊され、神父八人、修道士七名が長崎に強制退去させられた。続いて地元京都をはじめ、大阪、奈良からも次々と信者が捕らえられ京都に集められた。彼らは俵に入れられ、頭だけ出した形で縄で縛られ、四条五条の河原（鴨川）に山積みされた。見物人は山のように集まって来たが、信者たちは昼頃までは「イエズス・マリヤ」「イエズス・マリヤ」と叫び、「早く殺せ」などと言って威勢がよかったという。ただ、この時点では信者は処刑されず、脅かしと懲らしめにとどまり、あとで釈放された。

一六一四年（慶長十九年）の春には、国内の各地にいた宣教師らキリシタンの指導者はみな長崎に集められていたが、彼らは町の信徒と共に、迫り来る本格的な迫害に対し最後の抵抗を試みていた。町の中では大がかりな行列が組織され、あるものは十字架を背負ってこれに参加したが、行列の先頭には、次のように書かれた杉板が掲げられていた。

「われらは、主のため一致して死ねるよう、
　われらの主なる神にご恩寵を乞うものである。
　主のため命を棄てることを、ご恩寵により誓い奉る」

これらの行列は連日のようにくりひろげられ、各所の会堂をねり歩いた。

しかしながら彼らの示威行為もむなしく、同年の秋になって、ついに彼らの追放される時がやって来た。この日、日本で布教に当たってきた神父や修道士をはじめ、日本の信徒たち数百人は三隻の船に分乗させられ、マカオやマニラに追放されたのである。これがいわゆる「大追放」で、この中にはマニラに追放された高山右近と、その家臣らも混じっていた。

14　巻き起こる迫害の嵐　――壮絶、京都（鴨川）の大殉教

一六一四年の「大追放」とともに、幕府は本格的なキリシタン弾圧に乗り出し、各地で激しい迫害の嵐が巻き起こった。教会もこれ以後、公然とした活動ができなくなり、地下に潜った。それにもかかわらず、なお外国から宣教師が次々と日本国内に潜入して来た。彼らは四、五年国内で働いたのち、幕府に捕まって殉教していった。一六一七年、ドミニコ会士とアウグスチヌス会士の二人は、修道会服を着て公然と決死で大村領に乗り込み、伝道を行ったが、その場で斬首《ざんしゅ》された。

「大追放」のあった長崎では、さっそく大規模な会堂破壊が起こり、市内にあった二十一カ所の教会は全て破壊されてしまった。この取り壊しをつぶさに見ていた一人の宣教師アビラは、万感の思いをこめて次のように書いている。

「十一月三日にはイエズス会の美しい聖母昇天天主堂の屋根をはがしはじめ、八日にはあんなに美しかった天主堂はすべて倒されてしまった。……あれほどの喜びをもって完成し、司教によって最初のミサがとなえられた、あの美しく、清らかで、人々がしげしげと出入りした天主堂が私たちの目の前から奪い去られた」。

京都では、主だった信者たち四十七人が集められ、それに大阪からの二十四人の信者が加えられて、全部で七十一人の信者が東北方面（津軽地方）に流刑された。ところで、多くの信者が流されてきたこともあり、また全国から迫害を逃れて移り住んで来た者もあって、東北地方では一時期、迫害下にありながら教勢は盛んになった。

一六一六年、幕府がキリシタン弾圧に乗りだして間もなく、家康は七十四歳の生涯を終えた。家康の死後、幕府は改めて禁教令を発するとともに、プロテスタント国家のオランダやイギリスに対しても平戸、長崎以外での貿易を禁じてきた。かつてのキリシタンの町、長崎では特に取り締まりは厳しく、潜伏中の宣教師たちが次々と捕らえられ、斬首の刑に処せられた。迫害の嵐は年を追って激しくなり、各地に悲惨な地獄絵がくりひろげられた。

一六一九年（元和五年）、二代目将軍秀忠が上洛したおり、京都で六十三人の信者が検挙されたが、秀忠の厳しい命により、一人残らず火あぶりの刑に処せられることになった。獄死した者もあったので最後は五十二人になったが、彼らは十一台の車に積み込まれ、賀茂川の刑場に運ばれた。先頭と最後の車には男と子供が、その他の車には全て女たちが乗せられていた。信者たちは二十七本の柱に背中合せに縛りつけられ、その下にたきぎの山が積み上げられた。この中にはテクラと呼ばれた五人の子供を持つ母親がいたが、彼女は四歳の娘を胸に抱き、その左右に十二歳と九歳の男の子がくくりつけられた。また、他の二人の子供は、母親のそばのもう一つの刑柱に共にくくりつけられていた。老若男女無差別の処刑であったが、彼らは従容として帰天していった。これが京都の大殉教である。この処刑とともに京都でのキリシタンは、ほとんど壊滅状態となった。

15　地下で続けられる宣教活動　――法王からの慰問状と信者からの奉答文

幕府による「大追放」以来、教会は一斉に地下に潜ることになったが、地下でも信仰の火は消えることなく、宣教活動は勇ましく続けられていた。

以下、迫害下に活躍した二人の宣教師に焦点を当て、当時の教会の様子を見てみたい。

フランシスコ会の宣教師ディエゴ・サン・フランシスコは、「大追放」の際、長崎にいたが、国外追放を避けるため地下に潜った。彼は、その後ひそかに、京都、美濃、江戸と北上しながら布教活動に当たったが、江戸の信者の家に隠れているところを密告され、逮捕された。ところが、ふとしたことから釈放され、浦賀からスペインの船でメキシコに送られた。しかしながら、彼の日本布教への熱意は冷めず、彼は大胆にも再び船でマニラへ渡り、そこで同志六人を得て、一行七人は長崎に向かった。長崎到着とともに二人はすぐ捕まったが、ディエゴ以下五人のメンバーは潜入に成功。その後、彼らは幾度も逮捕の危険にさらされながらも長崎、大阪、江戸と各地を巡りながら信徒を激励し、布教を続けた。

また一方、京都や東海地方で布教に当たっていたイエズス会のジェロニモ・アンジェリスも「大追放」とともに地下に潜った宣教師の一人であった。彼はその後、伊達政宗の家臣で熱心なキリシタンであった領主、後藤寿庵《ごとうじゅあん》の招きで、ひそかに東北地方に下った。その頃はまだ政宗の領内には禁教の波は押し寄せていなかった。一六一五年（元和元年）、東北地方に足を踏み入れた彼は、流刑の地にある多くの信徒を励まし教えながら、津軽地方（青森県）にまで達した。その後、彼は松前にいた信徒を激励するため秋田から船に乗り、ヨーロッパ人として初めて北海道に渡った（一六一八年）。

この頃になって伊達政宗もようやく禁教の態度を明らかにし、東北地方にも迫害の嵐が吹きすさぶようになった。一六二四年（元和十年）、仙台で九人の信者が捕らえられた。彼らは水責めの刑に処せられ、酷寒の中、青葉城に近い広瀬川で、何度も水に漬けられた。

アンジェリスは、のちに江戸に赴き、一六二三年（元和九年）、自ら進んで奉行所に出頭して捕らえられた。この年、江戸では日本の信徒四十七人が捕らえられたが、それに宣教師ら三人が加えられ、全部で五十人が一度に札の辻の刑場で火あぶりの刑に処せられた。これが江戸大殉教である。この時、加えられた三人の中にアンジェリスも入っていた。このようにして彼も殉教者の列に加わった。

日本の信徒が激しい迫害にさらされているというニュースは、広く世界に伝えられ、大きな衝撃を与えた。これに対し、時の法王パウロ五世は一六一七年（元和三年）、日本の信徒に対して慰問状を発した。この慰問状は三年ののち、長崎に到着したが、直ちに翻訳され、各地の迫害に苦しむ日本信徒のもとに運ばれた。この思いがけない法王からの慰問状は、迫害下の信徒たちに大きな感動を与え、各地から次々と感謝と感激の意を表明した奉答文が寄せられ、法王のもとに送られた。その中の五通が、今もヴァチカンに保管されている。次にその一部を紹介しておきたい。

「尊書今年七月到着、かたじけなく頂載いたし候。誠に遠き島国に住む我等信徒にまで、御憐憫の上御音信下され、ありがたきと申すばかりでなく拝読を重ねること数度に及び、見聞の老若、袖をぬらし、喜悦の余る様、紙面に申し述べ難く候。……心の底より恩寵をもってキリストとローマの御教会の証詞に身命を捧げ奉らんと燃え立つばかり存じ奉り候」。

16　残酷を極める拷問　――殉教者の裏に棄教者も

一六二二年（元和八年）、長崎の立山において「元和《げんな》の大殉教」が起きた。その日、七人の日本人を含むイエズス会、ドミニコ会、フランシスコ会の神父、修道士たち二十五人は火あぶりに、他の老若男女三十人の一般信徒は首斬りの刑に処せられ、合わせて五十五人の殉教者が出た。その中には八十歳の老婆から三歳の幼児までが含まれていた。一同声を合わせて祈祷し、また聖歌を歌えば、三万の観衆もこれに和したという。

一六二三年（元和九年）、徳川三代将軍家光が位についたが、彼の時代になってキリシタンへの迫害は一層残酷を極めるようになった。雲仙温泉で有名な島原の藩主松倉重政は、幕府のキリシタン絶滅の命を受け、わき立つ地獄の硫黄泉に信者を浸け、苦しめるという拷問を考えだした。信者たちは捕らえられたのち、裸にされ、身体に縄をかけられ動きがとれないようにされて、煮えたぎる熱湯を注ぎかけられた。その方法は、長い柄の柄杓《ひしゃく》の底に小さな穴を開け、そこからしたたる熱いしずくを、肩といわず、背中といわず、裸の体のいたるところに注ぐというやり方であった。それは、できるだけ苦痛を長引かせ、棄教に至らせることが目的だったからである。

当時、よく行われた火あぶりの刑なども、火はできるだけ遠くに置き、時間をかけて苦しめ、一方では縄をゆるくし、刑場の一方の入り口を開けて、いつでも逃げられるようにして棄教を誘った。特に聖職者に対する拷問は陰険さを増した。というのは、たとえ一人でも聖職者を棄教させることができれば、信者に与える影響は量り知れないものがあったからである。

一六三三年（寛永十年）から始まった穴吊りの方法も、その目的から考え出されたものである。それは信者の体を縛りつけ、暗い穴の中にさかさまに吊り下げる方法である。この時、内臓が下がったり、頭が充血したりして早く死なないよう体を何箇所か縄で縛り、時には頭の一部に小さな傷をつけ、血が出るようにしておいた。また穴に汚物を入れたり、穴の外から騒音を立てたりして神経をいらだたせるという方法も取られた。彼らは棄教の意思を明らかにすれば引き上げられたが、そうでなければ死ぬまでそのまま放置されたのである。この穴吊りは、拷問の中でも最も残酷なものの一つだったと言われるが、このような状況下での宣教師や信徒たちの生き様を、遠藤周作は『沈黙』の中でリアルに描いている。

一六三三年（寛永十年）、かつて少年使節としてローマに行ったことのある中浦ジュリアンら六人と共に、イエズス会の管区長フェレイラも穴吊りの刑に処せられた。彼は二十年に及ぶ勇敢な布教活動によって信者たちの信望を得ていたが――多くの宣教師や信徒が殉教の死を遂げる中――数時間で信仰を棄ててしまった。のちに彼は、沢野忠庵と名を改め、キリシタン目明かしとして幕府に協力させられることになった。

この頃（寛永年間）になると、連帯責任による密告制度である五人組や踏絵等もあらわれ、キリシタンたちは広範囲で組織的な迫害に耐えなければならなかった。そのような中で棄教していった者も少なくはなかったが、また一方では多くの信徒たちが殉教による栄光の道を選び取っていったのである。

17　島原の乱――キリシタン最後の抵抗

いわゆる「島原の乱」の発端は、キリシタン弾圧に対する信徒たちの蜂起と考えられやすいが、実際は圧政に苦しむ農民がまず蜂起し、これにキリシタンが加わったというのが史実に近いようである。

一六一四年（慶長一九年）、幕府の命により松倉重政が島原の領主として入国したが、彼は自分の城を築くため、農民に労苦と重税を課した。一六三〇年（寛永七年）、重政が死んでその跡をその子勝家が継いだが、彼は父をしのぐ圧政を行った。寛永十一年から毎年続いた飢饉《ききん》は農民を餓死寸前に追いつめたが、年貢の取り立ては変わらず厳しくなされた。

寛永十四年の秋、領主の役人が年貢の取り立てのため村々を歩いていたが、島原の口之津《くちのつ》で大百姓与三右衛門の未進米三十俵の代償として、その家の嫁を捕まえ水牢に入れて、昼夜六日間水漬けにした。そのため懐妊中のその嫁は流産し、本人もさんざん苦しんだあげく死んでしまった。

これに激怒した与三右衛門は農民たちと復讐《ふくしゅう》を誓い、これに天草の嫁の父親も農民たちを連れて加わって、共に立ち上がった。乱はたちまち島原半島の村々に波及し、武器を取って立ち上がった農民の大軍は、一勢に城下に殺到した。島原の農民たちと同様の圧政下に置かれていた天草の農民たちも十日遅れて蜂起し、これに合流した。

この島原、天草にまたがる一揆の指導者は、天草の大矢野に住む浪人、益田甚兵衛《ますだじんべえ》を中心とする数人の浪人で、のちに農民から神の使い（キリストの再来）と仰がれるようになった四郎時貞は、甚兵衛の息子であった。島原、天草はともに元キリシタン大名の領地で、キリスト教の盛んな所であったので、他の農民たちもそうであったように甚兵衛の家族も秘かに信仰を持ち続けていた。そして一揆とともにこの地に隠れていたキリシタンの信仰が、農民たちの団結の中心的な力となったのである。

島原の一揆の急報が江戸に届いたのは発生から二週間後であったが、幕府は直ちに板倉重昌を現地に派遣し、九州の諸侯を集めてこれに当たらせた。これに対し、農民側は島原の古城――原城――に立てこもりこれに対抗したため、事態は容易に解決しなかった。城内では、洗礼名をジェロニモという、その時十六歳の、甚兵衛の息子四郎時貞が団結の中心として、崇敬の的となっていた。

事態を重視した幕府は、改めて老中松平信綱を派遣したが、彼は予想以上に強力な一揆側の勢力を見て兵糧攻めの方法をとった。その結果籠城《ろうじょう》五十日、乱発生から四カ月目、ついに農民側の食糧弾薬は底をつき、城内は困窮の極に達した。最後には、彼らは城内にあるもの全て、米を炊く鍋まで投げつけてきたといわれる。

これを見た信綱は、寛永十五年二月二十七日、総勢十二万に及ぶ大軍をもって総攻撃を開始、翌日、原城は幕府の手に落ちた。幕府側はこの時、時貞をはじめ、非戦闘員も含めて四万人を三日がかりで皆殺しにした。

乱の平定後、松倉勝家は、領内政治の不行届きにより、天下の騒動を起こしたとして幕府より死罪を申し渡されたが、幕府はこれにより、ますますキリシタンの恐ろしさを知り、ついに翌年より徹底した鎖国政策を実施するに至った。

このようにして、日本の地に、一度は蒔かれ根を張ろうとしたキリスト教であったが、幕府の激しい弾圧と厳しい鎖国政策により封殺され、その命脈が——地下の深層部には、なお〝隠れキリシタン〟という形で残されたとはいえ——事実上絶たれることとなった。日本が、再びキリスト教に出会うには、それから二百年後のペリーの来航を待たねばならなかった。

第2章　開国から太平洋戦争後まで

1　浦賀港に響き渡る讃美歌 ――開国と共に始まったキリスト教宣教

島原の乱をもってキリシタンの世紀に終止符が打たれ、その後、日本は長い間鎖国の道を歩んだが、それから二百年、ペリーの来航とともに日本に再びキリスト教と出会う時がやって来た。

一八五三年、ペリーは四隻の黒船を率いて浦賀に来航し、幕府に開国を迫った。ペリーはもともと熱心なキリスト教徒（プロテスタント）で、航海中も聖書を欠かさず読むほどであった。浦賀入港の翌々日は日曜日であったが、彼は四隻の黒船の中の一隻サスケハンナ号上に将兵を集めて、厳かな礼拝を行った。これが日本で行われた最初のプロテスタント礼拝となったが、その時選ばれた聖句は詩篇の第百篇、

「全地よ、主にむかって喜ばしき声をあげよ。
喜びをもって主に仕えよ。
歌いつつ、そのみ前にきたれ。
主こそ神であることを知れ。……」（詩一〇〇・一〜）

であった。そして、その礼拝で歌われた日本で最初の讃美歌は、『讃美歌』（一九五四年版、日本基督教団讃美歌委員会発行）で言えば第四番の、

「よろずのくにびと
わが主にむかいて
こころのかぎりに
よろこびたたえよ。……」

であった。ペリーの信仰的な意気込みが読み取れる内容である。この日、禁教下、鎖国下の日本に、神をたたえる讃美の歌声は、浦賀の湾内に高らかに響き渡った。

しかし、この時は開国に至らず、幕府から翌年に回答をもらう約束を得てペリーは帰国した。翌年（一八五四年）、一月早々、彼は七隻の艦隊を率い来航し、幕府との間に日米和親条約を締結した。続いて幕府は一八五八年、時代の勢いに押されて欧米諸国と通商条約を結び、事実上、日本は開国することになった。

この開国を期して、いまだ禁教下ではあったが外国から続々と宣教師が来日し、キリスト教の日本への第二次挑戦が始まった。

一八五八年、開国と同時に、当時東洋方面の宣教を任されていたパリ外国宣教会のカトリッ

ク司祭プリュダンス・ジラールが、まずフランス総領事館付司祭兼通訳の資格で江戸に入った。一八五九年には、アメリカから米国聖公会のＴ・リギンスとＣ・Ｍ・ウィリアムズが、また、米国改革派からＧ・Ｆ・フルベッキがそれぞれ長崎に来日した。同じ年、米国長老派からＪ・Ｃ・ヘボンが、米国改革派からＳ・Ｒ・ブラウンとＤ・Ｃ・シモンズが神奈川に来日した。彼らはいずれも、開国後、キリスト教宣教師として公然と日本に上陸した最初の人たちである。彼らがこのように堂々と入国できたのは、一八五八年の通商条約で、欧米人の日本国内での礼拝や教会堂建設が保証されていたからである。

その後も一八六〇年には米国バプテスト教会からＪ・ゴーブルが長崎に、一八六一年には米国改革派のＪ・Ｈ・バラが神奈川へ、ロシア正教の司祭ニコライが函館に来日し、また一八六九年にはアメリカから組合教会系のＤ・Ｃ・グリーンが神戸に、一八七三年には米国メソジスト教会からＭ・Ｃ・ハリスが函館に来日した。

しかし、当時、日本はまだ厳重な禁教の時代であったので公然とした伝道はできず、彼らは医療事業や西洋塾等をしながら、日本語の研究や聖書の和訳等に専念し、本格的活動の時期を待った。

日本のキリスト教宣教の第一ラウンドは、カトリックによってなされたのに対し、第二ラウンドは、主にプロテスタントがそれを担当する形で進行した。

2「ワレラノムネ、アナタノムネトオナジ」——隠れキリシタンとの劇的な再会

一八五八年、開国とともに日本入国一番乗りを果たしたカトリックの司祭プリュダンス・ジラールは、一八六二年、ついに横浜の居留地に開国後、最初の天主堂を建てた。また、彼は、日本入国のため待機していたプティジャンとフューレの両神父を琉球から呼び寄せ、長崎に派遣した。

長崎に派遣された彼らは、一八六五年、長崎の大浦に天主堂（大浦天主堂）を建てた。この天主堂は、日本最初のゴシック建造物で、のちに（昭和八年）国宝の指定を受けたが、今日にまで残る日本最古の教会ともなっている。

さて、この大浦天主堂は、もともと居留外人のために造ったものであったが、多くの日本人も見物のためにやって来た。一八六五年三月十七日、当時この天主堂に派遣されていたプティジャン神父は、見物人の中に紛れてやって来た隠れキリシタンの信者を発見、二百年ぶりの劇的再会に成功した。この時、プティジャン神父と再会した彼らは、「ワレラノムネ、アナタノ

ムネトオナジ」と言ってその信仰を告白、共に抱き合って泣いた。また、これを機会に当時、なお四万もの隠れキリシタンが存在していることが判明した。

プティジャン神父は、さっそく彼らの洗礼の有効性を調査し、また彼らを教会に復帰せしめるなど禁教下にありながらも精力的に働いたが、その結果一万人ばかりのキリシタンがカトリック教会に帰ってきた。この日本のキリシタン発見の報は全世界から歓声をもって迎えられ、〝復活キリシタン〟の信仰は長崎に燃え上がった。

しかし、一八六八年（明治元年）、維新政府は、神道国教主義に立ってキリシタン迫害の政策に出てきた。まずこの年、長崎浦上のキリシタン幹部百十四人が逮捕され、各地に流刑された。その後、一八七〇年には、浦上の信徒三千数百人が二十一藩に分割、流刑された。これがいわゆる「浦上四番崩れ」である。四番崩れというのは、この地方では以前からも時々キリシタンの信仰が発覚し、取り調べを受けることがあったが、一七九〇年（寛政二年）の検挙事件――一番崩れ――からこの事件は四番目であったのでこの名がある。そして、この四番目が最大のものであった。流刑された信徒は各地で激しい拷問をもって改宗を迫られ、流刑中の死者は優に六百人を超えたが、大半は父祖からの教えを固く守り、彼らの信仰は揺るがなかった。

さて、一八七一年、明治政府は不平等条約改正の談判のため、岩倉具視を全権大使とする使節団を欧米諸国に派遣した。ところが一行の行く所行く所で、日本のキリスト教迫害に対する激しい抗議と世論の沸騰に出遭い、肝心の条約改正の交渉は少しも進まなかった。そこで、これに驚いた岩倉大使一行は、直ちにキリシタン信徒を釈放し信教を自由にすべきと政府に打電した。

一八七三年（明治六年）二月二十一日、ついに政府は、キリシタン禁制の高札を撤去、浦上信徒の釈放を宣言した。このようにして二百年以上も続いた日本における禁教の時代は、多くのキリシタン信徒の犠牲の上に完全に終わりを告げた。日本は、ここにいよいよ第二期キリスト教宣教の本格的時代を迎えることになったのである。

3　日本最初のプロテスタント教会　――日本基督公会を設立

一八五九年の開国とともに初めて日本にやって来たプロテスタントの宣教師たちの動きは、その後どうであったのだろうか。初めのうちは、禁教下ということもあって表立った動きもできず、目に見える成果はなかったが、入国十三年目にして、ようやくプロテスタント宣教も発芽期を迎えるに至った。

一八七二年（明治五年）一月、横浜に住む改革派教会の宣教師Ｊ・Ｈ・バラは、横浜在住の外人宣教師や在留外人信徒に呼びかけ、一年の初めに当たり初週祈祷会を開いた。ところが、この時バラが経営していた塾（バラ塾）で学んでいた日本の青年たちは、これらの人たちが熱心に涙して祈る姿に感動し、自分たちも祈祷会を開いて祈ろうとした。集まった者はおおよそ三十人であったが、まだ洗礼も受けず、祈ったこともない者たちが次々と争うように祈り、叫ぶ者あり泣く者あり、その場は聖霊に満たされて一大リバイバルを見るようであった。

彼らの祈祷の集まりは活気にあふれ、所定の期日が過ぎてもやむことなく続行された。そしてついにその中から、のちに東北学院初代院長となる押川方義《おしかわまさよし》以下九人の者が、宣教師バラより受洗することになったのである。

その後、三月十日、この九人のほかに、それ以前に受洗していた小川義綏《おがわよしやす》（のちに按手礼を受け、日本人最初の牧師となった）ら二人を加え、計十一人で彼らは日本最初のプロテスタント教会を設立した。同年、本多庸一《ほんだよういち》（のちに青山学院の院長となり、また日本メソジスト教会の初代監督となった）が、翌年には日本の福音宣教に多大の貢献をした植村正久《うえむらまさひさ》らが次々と受洗し、入会した。

彼らは教会の名前を「日本基督公会」としたが、彼らが日本最初の教会の名前を〝教会〟とせず〝公会〟としたのは、教会設立に当たり、外国で起こった教派分裂の弊害を日本にまで持ち込みたくないとする心情の表れからであった。彼らの作った公会条例第二条には「我等ノ公会ハ宗派ニ属セズ、唯主耶蘇キリストの名ニヨッテ建テル所ナレバ……コレ故ニ、此会ヲ基督公会ト称ス」と明確に謳《うた》っている。このように日本のキリスト教は、初めから超教派的理想に基づいた出発であり、また安易に外国の教派主義に追随しないという独立自治の精神にあふれた出発であったことは注目すべきであろう。

実は、このような考え方は、伝道の処女地日本にやって来た宣教師たちの願いでもあった。日本基督公会の設立された同じ年の九月、横浜で日本初の全国宣教師会議が開かれたが、その時の議長を務めた改革派教会の宣教師S・R・ブラウンは、よく粘って全員の意見を調整し、以下のような決議文を作った。

「教会はもともとキリストにあって一つである。教派分裂の弊害を日本に持ち込むことを避け、伝道を一体化すべきである。今後日本の教会は『基督公会』という同一名称にし、組織も共通にすべきである」。

このブラウンによって確認された〝公会主義〟に基づき、その後できた教会は、東京築地では「東京基督公会」、神戸では「摂理第一基督公会」、大阪では「摂理第二基督公会」というように名付けられ、そして福音の火は、全日本に広がり始めた。

だが、この〝公会主義〟の理想は、その後、長くは続かなかった。

4　熊本城外花岡山に興国の誓い　――熊本バンドの出発

前述のごとく日本最初のプロテスタント伝道の火は、横浜から燃え上がったが、これがいわゆる横浜バンドといわれるものである。日本のプロテスタント伝道は、このほかに熊本の洋学校を中心とする熊本バンド、札幌農学校を中心とする札幌バンドの三バンドが源流となって出発した。〝バンド〟とは英語で〝集団〟という意味があるが、これらの出発が全て青年の〝集団〟をもってなされたことから、このように呼ばれる。

さて、横浜に続いて熊本からもプロテスタントの伝道の火が燃え上がった。

一八七一年、熊本藩は維新の本流を行く薩長土肥に対し、立ち遅れを取り戻すため熊本洋学校を開校した。この校長として招聘《しょうへい》されたのが、南北戦争では歴戦の勇士であり、また熱心な信仰者であった軍人上がりのＬ・Ｌ・ジェーンズである。彼は宣教師に勝るとも劣らない宗教的情熱を持って洋学校に赴任して来た。彼は母校ウェストポイントの陸軍士官学校に倣《なら》って学校は全寮制とし、そこで規則正しい人格教育を始めた。

彼は、最初の三年間はキリスト教については一言も語らなかった。しかし、その後彼は、欧米文明の基礎はキリスト教であると述べ、聖書を学ぶ必要性を説き、週に一夜自宅で聖書研究会を開くことにした。初めのころは、この研究会も十四、五人であったが、一年後には五、六十人の学生が集まり、ついには日曜礼拝までも持たれることになった。

一八七五年の冬休みには、学生たちの信仰の熱は一層燃え上がり、連夜聖書研究会と祈祷会が持たれるようになり、一つの霊的リバイバルの状況を呈するようになった。そして、ついに彼らは翌年一月三十日、信仰を堅くする者たち三十五人が熊本城外（熊本市郊外）の花岡山に登り、「奉教趣意書」を朗読してそれに署名し、立ち上がったのである。これが熊本バンドであるが、この時の「奉教趣意書」は、今も同志社大学に保存されている。このグループの中には、のちに日本伝道史上大きな働きをする海老名弾正《えびなだんじょう》等もいた。彼らはキリスト教こそ新しい日本を造る精神的基盤だと考え、興国の心情に燃えていた。熊本バンドの特色は、国民主義的で、かつ独立精神にあふれたものであった。

ところでこの事件は、すぐに学校経営者や生徒父兄の知れるところとなり、一大衝撃を与えるとともに猛烈な反対運動が巻き起こった。当時、キリシタン禁制の高札は下ろされたといえども、キリシタン＝邪教の考えはまだまだ根強く一般の人たちの間に残っていたのである。そして、このあおりで洋学校は、その年の夏に閉鎖されてしまった。

そこでジェーンズは、やむを得ず青年信徒たち三十人を、その頃新島襄によって創立された同志社に託すことにした。当時、同志社は、学生も少なく経営も思わしくなかったが、熊本バンドの優秀で意気盛んな学生たちが一挙に入学してきたため気風が一新され、にわかに活気づき、今日の同志社の基礎ができた。

5 〝ワンパーパス〟同志社の設立 ――新島襄の活躍

同志社の創立者新島襄は、一八四三年、江戸にあった安中藩士の家に生まれた。彼が十一歳の時ペリーが来航したが、当時の世相が新島少年を刺激、彼はどうにかして海外に脱出し、西欧の知識をもって日本の国を復興したいと願うようになった。

二十二歳になった時、彼は函館に行き国禁を犯して国外に脱出し、まず上海に向かった。彼は水夫として働きながら希望峰を回り、大西洋を渡って、ついに一年後、アメリカのボストンに着いた。ボストンでは幸い知名な実業家ハーディ夫妻の援助が得られ、彼はアーモスト大学に学び、続いてアンドーヴァー神学校に入学して、ここで四年間キリスト教の神学を学んだ。

彼は一八七四年同校を卒業したが、この間、一八六六年にはアンドーヴァー神学校付属教会で受洗した。

一八七一年（明治四年）、明治政府が不平等条約改正を求めて、岩倉具視大使一行を欧米諸国に送ったが、彼はアメリカで一行と会い、一行の要請に基づいて通訳を兼ね、共にアメリカ、ヨーロッパを巡歴、教育事情の調査に当たった。

新島はアメリカ滞在中、合衆国の文明の盛んになった原因は宗教（キリスト教）と教育であることを悟り、自分も帰国したら必ず善なる学校を興し、教育事業に専念しようとの決意を固めた。

一八七四年、彼は帰国に当たり、アメリカ伝道会社の総会に出席、以下のような挨拶を述べた。

「省みれば、今を去る十一年前、祖国の形勢は一日一日と危機に迫られ、わたしは憂いと憤りの念にたえず、ついに奮い立って海外に渡ろうと決心した。ただ一言の別れの言葉も残さず、父母、兄弟、友人と離れ、国の法を犯して脱出した。その時は衣食住の計画も全くなく、自分の困ること、苦しむことなど一切考えず、わが命は天運にまかせ、万に一つの成功の期待を胸に秘めて、はるばる数千マイルの荒浪を越えて諸君達の国にやって来たのである。

――中略――

わが祖国の未来は単なる物質文明の進歩にのみ頼るべきものではない。まず教化の働きがなによりも重要であり、また、真の教育が国の未来を決定する。

わたしは、いま諸君と袂を分かって無事祖国に帰ることができたら、必ず一つの大学をおこし、その光によって、祖国の運命の進路を照らし、将来の日本文化のために力を尽くしたいと乞い願っている。満場の諸君よ、わたしの真心は以上のべた通りである。このわたしの願いを察し、賛助を給わる有志はいないものであろうか」。

彼はこのように訴えながらも、感情が激するあまり思わず壇上で涙を流し、いくたびも演説を中止せざるを得なかった。感動した聴衆は次々と彼への寄付を申し出たが、中には一千ドルもの寄付をしようとする紳士もいれば、また一方ではこの二ドルは帰りの汽車賃にといって彼のもとに持ってきた老農夫もいた。

このようにして彼は、一八七四年（明治七年）祖国の土を踏んだが、翌年、仏教の最も勢力の強い京都の地を選び「官許同志社英学校」を設立、ここに〝ワンパーパス〟と校歌に歌われる同志社の出発がなされたのである。

新島は組合（会衆）派の信仰を持って帰って来た関係上、その後、同志社は組合派の伝統を担うミッションスクールとして今日まで発展してきた。日本のキリスト教教育事業の基礎を築き上げた新島の功績は大きい。

6 「少年よ、大志を抱け！」——札幌バンドの出発

一八七六年、熊本バンドの人たちが花岡山で「奉教趣意書」を読み上げた同じ年、北海道開拓使長官であった黒田清隆は、札幌に札幌農学校を開設した。

黒田は、農学校の開設に当たり、学校の教頭としてアメリカのマサチューセッツ州立農科大学校長ウィリアム・S・クラークを招いた。

クラークはイギリス系の厳格なピューリタンの家の出身で、南北戦争でも戦功があり、陸軍大佐となった人物である。彼もまた宣教の熱意に燃え、日本の土を踏んだ。クラークは、黒田長官、それに札幌農学校の第一期生十一人と共に横浜から船に乗り小樽に向かったが、彼のかばんの中には五十冊の聖書が秘められていた。船上で黒田はクラークに、「学生たちに最高の道徳を授けていただきたい」と頼んだが、それに対しクラークは、キリスト教こそ最高の道徳だと答えた。これに黒田はびっくりして、耶蘇《ヤソ》教は困ると言ったので、二人で激論となった。

しかしながら、最後にはクラークは「キリスト教が駄目なら、私は小樽に上陸しないで帰る」とまで言い出したので黒田も折れ、農学校でのキリスト教教育は黙認ということになった。

札幌ではクラークは、毎朝聖書を説き、祈りをしたあと授業にとりかかった。彼もまた人格教育に徹し、従来の校則を廃して〝Be Gentleman――紳士であれ〟一条をもって校則としたことは有名である。ある冬の寒い日、彼は学生たちと札幌郊外の手稲山に植物採集に出かけたが、高所に珍しいこけを見つけると、彼は雪の上に四つん這いになり、学生を背に乗せてそれを取らせたという。このように彼は文字どおり身を挺して学生たちを導いた。

一八七七年四月、契約の期限が来てクラークは札幌を去ることになったが、彼は同地を去るに当たり「耶蘇を信ずる者の契約書」を作り、学生たちに署名を求めた。これに対し第一期生十五人は、こぞって署名し、そして函館にいたメソジスト系宣教師ハリスから洗礼を受けた。

いよいよクラークが学校を去る時が来て、学生たちは馬に乗って千歳街道の島松まで見送りに出たが、彼は愛する学生一人一人と握手を交わしたのち、〝Boys, be ambitious――少年よ、大志を抱け〟という有名な言葉を馬上から叫んで姿を消した。

クラークの在職期間は、わずか八カ月であったが、学生たちに与えた影響は大きかった。

一八七七年九月には二期生十八人が入学してきたが、彼らは半ば強制的に一期生より「耶蘇を信ずる者の契約書」に署名することを勧められ、全員署名した。その中には内村鑑三や新渡戸稲造など、のちに大活躍する人物たちも含まれていた。彼らは官立学校の寄宿舎で公然と学生たちによる自主礼拝を守った。これらの人たちの中から、その後キリスト教精神をもって教会の内外に大きな影響を与える人たちが多数輩出されたが、この流れがいわゆる札幌バンドである。この札幌バンドの特色は、彼らの寄宿舎での礼拝がそうであったように、独立主義的、個人主義的、無教派主義的で、この流れの中から内村鑑三の無教会主義も生まれてきたのである。

7　明治の開花期と内外の戦い
――霊的リバイバル、国家主義の台頭、新神学の流入

開国と共に始まった日本のキリスト教宣教は、明治の欧化主義の背景下、前述の三バンド（横浜・熊本・札幌）を主流として大きく伸展した。

一八七八年（明治十一年）五月十五日～十七日には、東京築地の新栄教会で「第一回全国基督教信徒大親睦会」が開かれた。大会は三日間であったが、全国から教派を超えてキリスト信徒が集まり、連日五百人を超える盛況ぶりであった。また、一八八〇年（明治十三年）十月十三日

には、上野の山で各派合同の野外大説教会が開かれたが、午前に三千人、午後には四千人の聴衆が集まった。

一八八三年（明治十六年）、このキリスト教の勢いは一つの霊的な渦＝リバイバル（霊的復興運動）となってまず横浜に燃え上がった。続いてこのリバイバルは東京に飛火し、都内の教会では連日連夜の祈祷会となり、全東京の教会が異様な空気に包まれた。同年五月、東京の久松座で開かれた基督教大演説会では四千人に上る聴衆が詰めかけたが、このリバイバルの波は急速に全国に伝わった。

このようにしてキリスト教は、明治の前半、一つの開花期を迎え、その流れの中で福沢諭吉はキリスト教国教論を唱え、ミッションスクールは時代の花形となった。

しかしながらこの機運は長くは続かなかった。一八八九年（明治二十二年）、日本は近代国家としての目覚めの中で天皇（神道）を中心とする「帝国憲法」を発布、国家主義の道を進み始めた。これにより、キリスト教は難しい時代を迎えることになった。帝国憲法が発布されたその朝、時の文部大臣森有礼《ありのり》が、キリスト教徒であるということと伊勢神宮に対する不敬というでっちあげられた理由により、国粋主義者の刺客に暗殺されるという事件が起こった。

一八九〇年（明治二三年）には「教育勅語」が発布されたが、翌年一月、この勅語の奉読式に際し、当時第一高等学校教師であった内村鑑三が勅語の天皇親筆の署名への拝礼を拒否したとの理由で批判され、のちに依願解嘱した。いわゆる内村の「不敬事件」である。

これがきっかけとなり、キリスト教側と国粋主義側とに分かれて、全国で一大論争が巻き起こった。国粋主義側の主張は、キリスト教の世界主義は国家主義と相容れない不忠不孝の思想であるとするもので、これに対しキリスト教側も猛然と立ち上がり、内村鑑三、植村正久、柏木義円《ぎえん》らが一丸となって対抗した。最終的にキリスト教側は論陣ではある程度の成功を収めたが、国民一般は非国民的印象を、キリスト教に対して抱く結果となった。

ところで、その後、このような国家主義的傾向は教会内にも及んできた。一八九二年（明治二十五年）、数奇屋橋教会牧師田村直臣《なおおみ》は『日本の花嫁』という日本の封建性を暴露する著書を著したが、これが教会の総会で問題となり、ついに教職を追われる結果になった。

このような傾向は日清戦争（明治二七年）が始まるとますます顕著になり、そして日清戦争の勝利は、国民をして一層国家主義と排外主義を助長せしめ、一方、キリスト教に対しては一層信頼感を低下せしめる結果となった。この間、キリスト教の教勢は低迷した。

一九〇〇年（明治三十三年）、神社は宗教にあらずという理由で神社局が宗教局から分離され、神社は国家直属の機関になった。ここに事実上の神道国教制が確立され、のちに太平洋戦争終結まで続いた。

このように日本のキリスト教が国家主義の台頭により苦しんでいる期間に、不幸にも内部からも大きな混乱に見舞われることになった。というのは一八八五年（明治一八年）、聖書の霊感性を否定し、科学主義、歴史主義に立って、今までの盲目的信仰を批判する自由主義神学（当時、日本では新神学といわれた）が日本に流入してきたからである。

一八八九年（明治二十二年）、同志社で開かれたキリスト教青年夏期学校において熊本バンド出身の小崎弘道《こざきひろみち》が自由主義神学容認の講演を行い、海老名弾正もこれに賛成した。しかし同じ熊本バンド出身の金森通倫（みちとも／つうりん）や横井時雄はこれに反対したので、この時小崎説は異端とされた。ところが、一八九一年（明治二十四年）になって金森通倫は自由主義神学に転向、次いで一八九四年（明治二十七年）、横井時雄も自由主義神学に転向するに及んでキリスト教会全体が動揺し始め、ついに一般信徒の中からは信仰の確信を失い、聖書を捨てて教会を去るものが次々と出てきた。

これにより日本のキリスト教（プロテスタント）は、次の三つの流れに分かれるようになった。第一の流れは、これは最大の流れであったが、横浜バンド出身の植村正久を中心とするもので、従来の信仰を守っていこうとする流れである。第二の流れは、熊本バンド出身の海老名弾正を中心とする流れで、新神学を受け入れ聖書の霊感を否定、またキリストの神性をも否定しようとするものである。第三の流れは、札幌バンド出身の内村鑑三を中心とする無教会の流れで、聖書主義に立って新神学を排撃していこうとするものである。

無教会の流れについて、ここでもう少し言及しておきたい。「不敬事件」以後、内村は大阪、熊本、京都を流浪し窮乏の生活を送る中、『余は如何にして基督信徒となりし乎』等の名著を著し、キリスト教文筆家としての基礎を固めた。その後、万朝報社での活躍ののち、一九〇一年（明治三四年）、雑誌「無教会」を発行、自邸内に角筈《つのはず》聖書研究会を開いて無教会運動の基盤を築いた。彼の門下からは志賀直哉や有島武郎らの文学者をはじめ、聖書学者として著名な塚本虎二、黒崎幸吉、関根正雄らを輩出し、また第二次大戦後は、東大総長となった南原繁や矢内原忠雄らが出た。

さて、明治後半になって日本でも資本主義が発達し、それとともに社会矛盾も増大してきたが、これとともに日本のキリスト教も社会への関心が高まった。一八九五年（明治二八年）、救世軍のエドワード・ライト大佐が来日したが、のちに日本救世軍の司令官となった山室軍平《やまむろぐんぺい》は直ちに入隊、活動を開始した。彼は廃娼運動をはじめ、多方面にわたり活躍したが、救世軍の社会鍋（年末などに街頭でお金を入れる鍋を吊り下げ、貧しい人たちへの募金を呼びかける活動）は彼の発案によるものといわれる。そのほか、この時期にキリスト教社会主義が発生、片山潜らは幸徳秋水らと共に日本最初の社会主義政党である社会民主党を結成（明治三十四年）したが、これは即日、当局により解散命令が出された。

8　明治大正の教勢の伸展、内村・中田らによる再臨運動
――賀川豊彦らの活躍、キリスト教社会主義の再興

国家主義の圧迫と自由主義神学による混乱によって、それまで躍進してきた明治のキリスト教は全くの沈滞期に入ったが、二十世紀に入り、教会に新しい霊的機運が巻き起こった。一九〇一年（明治三十四年）になって、東京の銀座や京橋のペンテコステを迎えた教会では第二次リバイバルが起こり、東京全都に広がった。間もなくそれは横浜、大阪、京都へと飛火し、全国的リバイバルとなった。教会側はこの波に乗って「二十世紀大挙伝道」を企画し、大いに教勢を伸ばした。

ここにおいて植村正久は、有効に大挙伝道を進めるべく、常々問題の種となっている自由主義神学の一掃を決意、その首領海老名弾正との神学的論争に挑んだ。ここに我が国神学史上未

曾有の植村・海老名論争が始まった。翌年「福音同盟大会」は海老名の追放を決めたが、のちに海老名も自説を緩和し、同盟に復帰した。

その後、日本は帝国主義的色彩を強め、日露戦争（明治三十七年）から日韓併合（明治四十三年）へと進んだが、この間、日本のキリスト教は資本主義の発達とともに増大した中産階級や学生層を基盤として、なお教勢を伸ばした。

一九〇七年（明治四十年）、第七回万国基督教青年大会が東京の神田で開かれたが、二十五カ国から代表が集まり盛況であった。時を同じくして救世軍のブース大将も来日したが、朝野の大歓迎を受け、明治天皇に拝謁が許されるほどであった。一九〇九年（明治四十二年）には、全国プロテスタン日本宣教開始五十年記念会が神田青年会館で開かれたが、内外共の視聴を集め、国際的大会になった。一九一〇年（明治四十三年）にはイギリス、エジンバラで「世界宣教大会」が開かれたが、メソジスト教会の本多庸一をはじめ四人が日本のキリスト教界を代表して出席した。そして翌年には、日本の全プロテスタントを連結する「日本基督教会同盟」が結成された。

一九一二年（明治四十五年）、時の政府は宗教による人心の統一を画し、神道、仏教、キリスト教の代表七十一名（仏教五十一、神道十三、キリスト教七）を華族会館に招いたが、代表たちは政府の要請に基づき国威の高揚に尽くすことを決議した。これを三教会同という。ここに、日本のキリスト教は宣教開始以来、初めて神仏二教と対等の立場を公に認められ、日本における市民権を獲得した。

明治の後半になって取り戻したこの宣教の勢いは、大正に入っても継続された。日本のキリスト教は大正三年から三年間、全国協同伝道を企画し、各派協力して多大な成果を上げたが、この間五千回の集会が持たれ、聴衆は延べ八十万に上ったといわれる。

大正に入って注目される一つに、大正六年（一九一七年）の中田重治による日本ホーリネス教会の創立がある。中田は明治二十九年渡米し、シカゴのムーディ聖書学校（メソジスト系）に学んだ。彼は、新生、聖化、神癒、再臨を強調する、いわゆる四重の福音を唱えた。中田重治は、その豪胆な気質から独自の家父長的教団をつくりあげた。彼は、彼のもとに集まってきた伝道師に対し、片道キップで地方の開拓伝道に行かせ、また一方、男女伝道師を組み合わせ、時には何組か一緒に合同結婚式までしたのである。同教会の伝道には目を見張るものがあった。

ホーリネス教会とともに併記されなければならない動きとして、当時、全国的なセンセーションを巻き起こした再臨運動がある。これはホーリネス教会が設立されたとほぼ同じ時期（一九一七年）、内村鑑三によって始められたもので、一九一八年になって中田重治や木村清松らが加わり、全国的な広がりを見せるようになった。ところで、キリストの再臨、終末、神の国を標榜する統一運動が、一九二〇年を原点として出発していることを思えば、この再臨運動も、大きな摂理的動機に促されて起こったものであることが理解できる。

さて、その他、大正時代のキリスト教の特色として、キリスト教社会主義の再興を挙げることができる。第一次世界大戦後（大正七年）の恐慌で日本の経済もそのあおりを受け、社会不安が増大したが、これとともに十数年沈黙してきたキリスト教社会主義が再び動き始めた。その中核をなしたのが大正デモクラシーの理論的指導者として著名である吉野作造をはじめ、片山哲、賀川豊彦らである。一九二六年（大正十五年）には片山哲らが中心となって社会民衆党が結成された。

このような社会主義運動の中でも、特にその活動の広さから見て、賀川豊彦の働きは特筆されるべきものであった。彼は妾《めかけ》の子として神戸に生まれたが、出生の事情もあってか、常に不幸な者の味方として活躍した。彼の神戸葺合《ふきあい》新川での貧民窟伝道は有名で、彼のそこでの体験をもとにして書かれた小説『死線を越えて』はベストセラーになった。彼は、日本での労働運動や農民組合運動等に先駆的働きをしたが、キリスト新聞社の設立や日本における世界連邦運動の創始等にも大きく貢献した。また伝道面でも彼の提唱による「神の国運動」は多方面に大々的な影響を与え、また多くの成果を得た。

なお、賀川が彼のライフワークとして残した著作『宇宙の目的』は、そのテーマの壮大さと難解さゆえキリスト教界からは理解されないが、神の宇宙創造の本質（目的）――彼は出生の事情もあって神の創造した世界になぜ悪があるのかという問題から研究を始め、最終的にこのテーマに導かれた――を見極めるべく天文学から物理学、化学、生物学など広範囲な分野から問題の本質に迫っており、読む者を圧倒させる。

9　「日本基督教団」の結成　――社会運動と福音主義運動、政府弾圧下の教会

大正デモクラシーの背景下、キリスト教の社会主義運動が大いに発展したが、これが過激的傾向をもって現れたものに「学生クリスチャン運動――SCM運動」がある。これは本来YMCAから出てきたものであったが、最終的には過激に走りすぎ、極左分子に攪乱《かくらん》されて挫折してしまった。

このようにキリスト教会の一部では左傾的動きが顕著になったが、他方ではこれに対抗して、信仰の正統性を保持し、発展させようとする福音主義的動きが起こっていた。その一つは、内

村鑑三の動きで、彼は晩年になって（大正十年以後）聖書主義に徹し、盛大な聖書講義を展開した。また、東京神学舎の高倉徳太郎は一九二四年（大正十三年）、欧州留学から帰り『福音的基督教』を著したが、彼の働きは日本の教会に初めて神学的自覚を促した点で高く評価される。カルヴァン派の流れを背景に宗教改革の原点への復帰を強調する彼の神学運動は、のちに能野義孝や桑田秀延等の優秀な神学者を生み出した。これらの神学者は、バルトの弁証法神学の導入等により、次第に日本神学界の主流を形成していくことになった。その他、昭和の初期になって中田重治のホーリネス教会が急激な発展を遂げ、日本における福音主義運動の一翼を担った。

このように明治から大正へと発展してきた日本のキリスト教の勢いは、昭和初期まで続いた。しかしながら、一九三一年（昭和六年）、満州事変の勃発とともに、日本は軍国主義の道を歩み始め、この流れは、一九四五年（昭和二十年）の太平洋戦争終結まで続いた。その間、国家主義的政府の弾圧により、日本のキリスト教は苦しい道を歩まねばならなかった。

国家の弾圧は、カトリック教会から始められた。一九三三年（昭和八年）、奄美大島のカトリック系大島高女が軍部や地元青年団の圧力で立ち退きを要求され、その後、島にある教会の焼き打ちや破壊が続いた。一九三四年（昭和九年）には、政府は文部大臣宮邸に宗教家を集め、神道による愛国運動の実施を要求、僧侶や牧師らは神社に団体参拝を強要された。

一九三九年（昭和十四年）、「宗教団体法」が国会を通過、宗教団体の国家統制が法制化されることになった。政府は、初めキリスト教に対しては二十三の教派の認可を明言していたが、その後、教会数五十、信徒数五千人以下の教派を認可しない方針を発表した。これでは大半の教派は認可されなくなるとして、日本の教会はにわかに教派合同への道を画策し始めたが、そのやさき、救世軍の幹部三十人がスパイ容疑で検挙される事件が発生した。弾圧におびえた教会は、その年一九四〇年（昭和十五年）八月、新教各教派代表の懇談会を開き、キリスト教会合同への決意を固めた。

一九四一年（昭和十六年）六月二十四日、東京の富士見町教会で合同教会の創立総会が開かれ、代表として富田満が選ばれた。これが日本基督教団の出発である。

政府は、教団の成立とともに統制を強化し、これに従わないものに対する弾圧を強めた。一九四二年（昭和十七年）六月、ホーリネス系教会が教団に非協力的であるとして一斉検挙を受け、約百四十人の教職者が逮捕されたが、この時同教団の再臨信仰が問題とされた。翌年にはセブンスデー・アドベンティスト教会が同じ理由で治安維持法に問われ、四十二人の牧師が検挙された。

一九四五年（昭和二十年）三月、戦局が苦しくなる中、軍部は教団に対し「キリストの復活」

を信仰箇条から除去するよう要求し始めた。「復活」を否定してしまったのではキリスト教の信仰が成り立たなくなるということで、これには教団幹部も悲壮なる決意を固めたが、当時、元陸軍少将で富士見町教会の一役員が軍部と教団との間を斡旋《あっせん》し、危うく事なきを得た。

終戦当時、日本の教会の三分の一は戦災で会員を失い、信徒は四散した。

10　「万博問題」で残った傷痕　――願われる第三の道

一九四五年（昭和二十年）八月三十日、マッカーサーは厚木に降り立ったが、直ちに占領行政を実施し、同年十一月にはまず「宗教団体法」を廃止、宗教への国家統制の枠を外した。また、神社の国教的特権が剥奪《はくだつ》されるとともに翌年一月には、天皇陛下の「人間宣言」がなされ、ここに日本史上、未曾有の宗教的解放の時がやって来たのである。

マッカーサーのとった政策が、キリスト教精神に基づいたアメリカンデモクラシーに根差すものであることを知った国民は、国家再建の基盤をキリスト教に期待し、進んで教会の門をたたこうとした。その結果、一時期多くの人たちが日本の教会に押しかけるという現象が生じた。アメリカの教会も、この時こそ日本伝道の好機として多くの宣教師を送ってきた。また米国聖書協会からは純白の良質紙に印刷された聖書が二百五十万冊も届けられた。

さて、日本基督教団は本来国家の圧力のもと、半ば強制的にできたものであったため、宗教解放とともに内部ではすぐにでも離脱し、自己の教派をつくろうという動きが出てきた。一九四五年十月、合衆国教育使節団が来日したが、その中のプロテスタントの代表四人が教団幹部と赤坂の霊南坂教会で会談し、今後の教団の在り方について協議した。その結果、使節団は教団の正当性を認め、その存続を願って基督教大学の建設、戦災教会の復興援助等を約束した。そこで教団幹部も力を得て教団崩壊の阻止を決意し、各方面に働きかけることによって、教団はその後も存続することになった。

このようにして教団は独自の歩みを始めたが、そこには組織の一致はあっても、信仰の一致となるとその成立のいきさつもあって十分ではなく、戦後間もなくやって来た伝道の好機を十分に生かし切れないきらいがあった。その上、この時期に教団を悩ませたものに「クリスチャンコミュニスト」と呼ばれる一部の動きがあった。

当時、共産党は戦後の不安を利用して巧みに勢力の拡大を図り、教会の青年たちにも大きな影響を与えた。そのような中で教団の牧師赤岩栄は、一九四九年一月二十一日付の「アカハタ」に共産党入党の意志ありと発表して、教団の内外を驚かせた。この間、カトリック教会はいち早く伝道体制を整備し、活発な動きを示して大きく教勢を拡大した。

ところで戦後、教団を中心とするプロテスタント教会は、前述のようにいろいろな問題を抱えてはいたが、当時盛んであったバルト神学に支えられて教勢を伸ばしてきた。しかし、一九六〇年代の後半になり、日本でもバルト神学の熱が冷め始めた頃から、国内では七〇年安保問題を中心とした左翼勢力が急激に台頭し始め、日本のキリスト教会もこの混乱の中に大きく巻き込まれていくことになった。

特に教団では、この頃から俗に造反牧師といわれる左翼系牧師が動き始め、あらゆる会議に現れては議事の進行を妨害するようになった。当時、山手教会で行われた教団東京教区総会（一九七一年）には、ついにゲバ棒で武装した造反グループが突入、流血騒ぎとなり、警察の出動を見るまでに至った。

造反牧師が騒ぎだしたきっかけは、一九六九年のいわゆる「万博問題」からである。六八年、キリスト教協議会（ＮＣＣ）総会で、七〇年の万国博に教派を超えてキリスト教館建設および出展を決議したが、日本基督教団では造反グループに押されて積極的な協力をやめざるを得なくなった。造反グループの主張によれば、万博にキリスト教館を設置することは資本主義に加担することで許されないということであった。このほか彼らは「戦争責任告白問題」「靖国神社問題」など左翼主義的観点からいろいろな問題を提起し、教団内を混乱させた。このような造反牧師を中心とするグループ（社会派）の動きに対し、これまでの教会を中心とするグループ（教会派）は教団内に「福音主義教会連合」（一九七七年）をつくり、対抗した。

この万博問題を基点としてその後、造反グループのもたらした傷は意外に大きく、教団はその後もこの後遺症から脱しきれず、長い間苦悩の道を歩まねばならなかった。

今日、日本のキリスト教会は、万博問題以来、社会的実践に目覚めた社会派の流れと、あくまで救霊中心に教会を守っていこうとする教会派の流れのはざまにあって、明確な進路を見いだせないでいる。混迷する今日的状況の中で、教勢が伸び悩む日本のキリスト教会は、いつまでもこのままでいることは許されない。これら二つの道を止揚して、新しい希望に通じる第三の道を見いだすことが急務とされている。

第二部　世界キリスト教史

はじめに

人には必ずその人の履歴がついて回る。我々は、その人の履歴からまずその人がどんな人かという基礎的なデータを得ようとする。

そういう意味では、キリスト教史はキリスト教の履歴書だとも言える。我々がキリスト教とは何かということをそれなりにきちんと学ぼうとするならば、まずキリスト教史から学び始めるのは妥当といえる。

キリスト教がこの世に生まれて二千年。この間キリスト教は、複雑多岐にわたって発展してきた。これを総合的また普遍的に表現することは、極めて困難な業と言わなければならない。それゆえ、本書は便宜上、プロテスタントに基点を置いて全体を見ていく形で書かれていることを了承願いたい。

ところで、イエス・キリスト誕生から「使徒行伝」時代までの事柄については、本書の姉妹編『聖書学』で取り上げているので、本書では基本的な内容にとどめた。

統一運動に携わるものとして人類の歴史に主体的かつ自覚的に関わろうとするなら、その中で主流的思想の流れを形成してきたキリスト教を無視することはできない。
　そのような意味で、果敢な戦いに挑まんとする諸氏に対し、本書が少しでも参考となり得るならば幸いである。

一九八五年十二月

著者

第1章　古代教会史

初代教会の成立から教皇制度の成立（五九〇年）前まで

1　イエス・キリスト

神がキリストを世に送るに当たり、その宗教的背景をなしたユダヤ人だけでなく、その文化的背景をなしたギリシャ人や政治的背景をなしたローマ人にもその歴史的な準備をさせたということは、一般のキリスト教歴史家も認めている。それらは次のようなものであった。

〈ローマの準備したもの〉

①　世界は一つであるという思想

ローマの政治的統一より生じた思想で、これがキリスト教の世界思想と結びつき、永くヨーロッパを支配した。

②　平和

ＢＣ四四年、シーザーがブルータスに暗殺されたが、その後に立ったオクタビアヌスはＢＣ三一年、クレオパトラと組んだアントニウスを倒してローマの内乱を平定した。以来二百年にわたる「ローマの平和」といわれる福音宣教に適した環境が用意された。

③　道路
ローマを中心に属州の隅々まで多くの舗装道路が開通した。「世界の道はローマに通ずる」といわれたのはこの頃のことである。初期のキリスト教は、これを宣教のためにフルに利用した。

〈ギリシャの準備したもの〉
①　普遍的言語
ギリシャの文化がローマ帝国内に広がったため、ギリシャ語が今日の英語のように普及し、初期のキリスト教はこのギリシャ語により世界へと伝道された。
②　ギリシャ文化
ギリシャの哲学は人々の理性を高め、高度な思想を理解できる土壌をつくった。

〈ユダヤの準備したもの〉
①　ユダヤ教とその制度
唯一神教、メシヤ思想、旧約聖書の普及、会堂中心の制度はキリスト教会の原型となった。

イエス・キリストの誕生はＢＣ七年から四年の間と考えられている。というのは、イエス誕生当時、二歳以下の幼子を全て殺したと聖書に書かれているヘロデがＢＣ四年に死んでいることから、イエスの誕生はそれ以前と推定されるからである。

イエスの生涯は、大きく①降誕、②福音宣教、③十字架の死、④復活、⑤昇天の五つに分けることができる。

イエスの生涯の全ては福音宣教に費やされたが、彼の持ってきた「福音」――喜ばしきニュース――とは、今日、キリスト教で一般に主張される「十字架の贖罪《しょくざい》による救済」ではなく、〈「神の国」が近づいた（マタイ四・一七）〉といううまさに全人類にとって喜ばしきニュースであった。

このことは留意されるべき観点で、神学者たちもそれは認めている。そういう意味では、統一運動の主張する神の国を中心とする「福音」とイエスの持ってきた「福音」とは、その内容において完全に一致する。

2　初代教会の形成

キリスト教の形成については三つの原点がある。最も基本的な原点はキリスト教の教会の原点であって、福音書のイエスの言葉にさかのぼる。イエスがペテロに「私を誰と言うか」と聞いた時、ペテロは「あなたこそ、生ける神の子キリストです」と告白した。その時、イエスは「この岩の上にわたしの教会を建てよう」（マタイ一六・一八）と言っている。ここからキリスト教の教会が出発しているのである。ただし、イエスの言った「この岩」を、カトリック教会は＜ペテロ＞と解釈して伝承に重心を置こうとするし、プロテスタント教会はペテロの＜信仰告白＞と解釈し、信仰に重心を置こうとする。

次にキリスト教は、イエスの復活にその信仰の原点を置いている。初代のキリスト教徒にとってイエスの復活こそ、決定的なメシヤとしての確証であった（第一コリント一五・一七）。弟子たちも復活のイエスに会って新たに信仰を立て直され、立ち上がったのである。

そして、キリスト教の宣教の原点を五旬節の日の聖霊降臨―ペンテコステ―（使徒行伝二・一～四）に見ることができる。彼らは、この日から聖霊に満たされて爆発的な宣教を開始したのである。

最初は、エルサレム教会を中心に国内外のユダヤ人に伝道されたが、その後、大きな力を持つようになったシリアのアンテオケ教会を母体として、異邦人への伝道が進んだ。

この時代には、イエスの十二使徒たちを中心として命懸けの伝道がなされたが、その多くは殉教の道を歩んだ。最初の殉教者ステパノと十二使徒の一人でゼベダイの子ヤコブの殉教については「使徒行伝」（七・六〇、一二・二）に言及が見られる。また、伝承の域を出ないがペテロについては、ローマの獄舎から逃げる途中、キリストに出会い「主よ、いずこに」（クオ・ヴァディス・ドミネ＝ラテン語）と尋ねたら「ローマへ」との言葉が返ってきた。そこで彼は悔い改めてローマに引き返し、一説では主と同じ死に方ではおそれ多いとして、逆さに十字架につけられ殉教したとの話が伝わっている。その他、近東方面で伝道したペテロの兄弟アンデレや、インド方面で伝道したトマスなどもその地で殉教したとされる。

初期のキリスト教宣教において大きな働きをした人物に、パウロを挙げることができる。彼は劇的な回心ののち、アンテオケ教会から伝道を開始、地中海全域にわたり活動して異邦人伝道で大きな成果を上げた。

この当時の教会は、監督（＝司教・教区長）を中心に何人かの長老と執事により運営され、礼拝はイエスが復活した、週の初めの日、日曜日（ユダヤ教の安息日は土曜日）に行われた。

3　教父と呼ばれる人たち

イエスの十二使徒たちの活躍も、そのほとんどが殉教により終わりを告げたが、その後キリスト教会を指導していった人たちの中で、主に五世紀まで、長く見て八世紀頃までの人たちを教父と呼んでいる。

彼らの使命は、教会の一致と徳を高めたり、対外的にはキリスト教の弁証活動や護教活動、また間違った教義を正す異端への論駁《ろんばく》やキリスト教の教理的学問的研究をすることなどであった。彼らの働きは、後世に残された多くの著作をもって知ることができるが、キリスト教が正統的な流れを形成しつつ、有識者階級にも浸透していく過程を示すものとして興味深い。彼らの中には、キリスト教の初期の教会形成に大きな働きをしたローマのクレメンスやアンテオケのイグナチウス、『異端反駁《はんばく》論』で有名なイレナエウス――彼の主張する「レカピトゥラティオ（再復）」説は統一運動で言う「蕩減復帰」の考え方に似た内容で注目される――、最初に「三位一体論」を唱えたテルトゥリアヌス、最初の教義学書『諸原理について（原理論）』を著したオリゲネス――キリスト教の最初の教義学書が『原理論』と題されたのも興味深い――、教会史家として有名なエウセビオス、ラテン語訳聖書（ウルガタ）を完成させたヒエロニムス、牧会的分野で大きな働きをしたアンブロシウス、「三位一体論」や「ロゴス・キリスト論」など正統派神学を擁護したアタナシオス、そして最大の教父といわれ『神国論』を著したアウグスチヌスなどがいる。

4　ローマ帝国の迫害

六三年のローマ大火の責任を、時の皇帝ネロ（三七～六八）がキリスト教徒に負わすことをもって長いローマ帝国によるキリスト教迫害の歴史が始まった。

ローマ帝国がキリスト教を迫害した原因としては、最初に挙げられるのはキリスト教徒が皇帝礼拝を否定したことである。その他、当時の人々が目に見える像を拝んでいた中で、キリスト教は目に見える礼拝の対象をもたなかったので無神論と非難されたり、信徒間の平和の接吻《せっぷん》が近親相姦《そうかん》と誤解されたりした。また、パンとぶどう酒を食する聖餐《せいさん》式を、イエスが「これは私の肉、私の血である」（ルカ二二・一九～二〇）と言ったことから人肉を食べているとうわさされ、忌み嫌われた。

　また、このような迫害の背景として、平等を主張するキリスト教が貴族階級から嫌われたこと、さらにローマ建国千年目に当たっていたその当時は、一種の終末観が支配的となっており、天災等の続出の原因を異国の神であるキリスト教を信仰しているからだと考えられたこと等も考慮する必要がある。

　ローマ帝国によるキリスト教の迫害で有名なのはネロの迫害であるが、まだその頃の迫害は部分的、単発的な迫害にすぎなかった。迫害が一般的、狂暴的になってきたのは二五〇年頃からである。三〇三年には皇帝ディオクレチアヌスは勅令を発し、キリスト教の会合の禁止、会堂の破壊、聖書の焼き捨て、信徒の投獄を命じ、その後にはキリスト教信者に異教の神に犠牲を捧げることを命じた。そしてそれを拒否する者には財産の没収、投獄、そして最後には刀や猛獣による死刑が待っていた。当時どの監獄もキリスト教の指導者と信徒で満ちあふれ、他の犯罪者を収容する場がないほどだったといわれる。

　しかし、このような困難な状況下でも、キリスト教徒はカタコンべといわれる広大な地下墓所にこもって信仰を堅持し、キリスト教は発展を続けた。そしてついにキリスト教は無視できない存在となり、三一三年、ローマ皇帝コンスタンチヌスのミラノの勅令により公認され、迫害の時代は終わりを告げた。その後、三九二年にはテオドシウス一世はローマにおける他の宗教を禁じ、キリスト教を国教とした。

5　異端との闘争

初期のキリスト教会は前述のごとく、外的にはローマ帝国の迫害下にありながら、他方、内的には正統な信仰を脅かすいろいろな異端思想とも闘わねばならなかった。それらの中から次に三つの代表的なものを紹介する。

① 律法主義

ユダヤ教から改宗してきた初期のキリスト教徒たちの中には、救われるためにはユダヤ教の律法の遵守も必要であると主張する者がいた。この律法主義に対してパウロは強く反対して、律法によらずキリストを信ずる信仰により救われることを主張した。甚だしいのは、イエスは初めからメシヤではなく、律法を守ることによりメシヤになったとするエビオン派（七〇年頃）のごとき極端な律法主義まで現れた。

② グノーシス派

五〇年頃から絶頂を極めたこの派は、霊を善とし、物質を悪とする善悪二元論である。肉を悪と見るところから極めて禁欲的で、イエスは肉体もたずに来たのであり肉体をもっているように見えたのはそう見えただけである（仮現論―ドケティズム―）と主張した。

③　モンタヌス運動

一三〇年頃、モンタヌスにより始められたもので、聖霊と再臨を強調する終末観を伴う霊的運動である。キリストの天国は間もなく、フルギア（小アジアの一地方）のペプサに建設されると主張した。

このような異端思想に対して、前述の教父たちは護教家として大いに闘い、正統派信仰の擁護と発展に大きく貢献した。

6　教会体制の確立

内外の敵と闘うため、教会の体制の確立が重要な問題となってきた。そのため初期の教会は、①職制の制定と礼典の執行、②信仰信条の確立、③正典（経典）の編纂《へんさん》等に取り組んだ。

職制と典礼については、教会員の中より役員として長老を決定し、その長老の中から中心となるべき監督を決め、この監督に特権を与え教会内の統一を図った。また、キリスト教の初期からあった礼典である洗礼（バプテスマ）と聖餐式（キリストの肉と血を象徴するパンとぶどう酒を食する儀式）は、神の恵みの分配者としてのこれら公認された指導者によって権威をもって実施された。

また信仰信条としては、洗礼を受ける時の式文としてその当時、広く使用されていた信仰告白文を中心として、「信徒信条」が制定された。

一方、信仰生活の判断の基準となる正典の編纂、すなわち聖書の成立の問題であるが、今日キリスト教が用いている旧約聖書は、紀元前三世紀中頃から紀元後一世紀終わり頃の間にユダヤ教の正典としてまとめられたものをキリスト教が受け継いだものである。

また新約聖書であるが、初め各書はばらばらに持ち回りされ各教会で読まれていたものが、二世紀の初め頃、まず権威ある書物としてパウロの手紙がエペソ教会で集められ、続いて福音書が集められた。

続いて他の書物も加えられて今日の形になってきた。一八〇年頃には、すでに今の新約聖書二十七巻のうち二十巻は正典的扱いを受けるようになっていた。三六七年には、アタナシオスは今の二十七巻を正典として挙げている。三九七年カルタゴ会議は、この二十七巻を既定の事実の上に正典として公認した。

7　教会会議時代

迫害下、自らの信仰を守ることに必死であったキリスト教は、三一三年のコンスタンチヌスのミラノの勅令により、ようやく外的な圧迫から解放され自らの信仰に目を向けることができるようになった。

キリスト教史上、その基本的な教理を決定するために行われた最も重要な会議は、三二五年の「三位一体論」を中心としたニケヤ会議と、四五一年の「キリスト論」を中心としたカルケドン会議である。これらの会議が開かれた時代は、教会会議時代と呼ばれている。

(1)　ニケヤ会議

アレクサンドリアの監督アレクサンドロスと長老アリウスとの間に、キリスト教の中心的教理の一つである三位一体論、すなわち父なる神とキリストと聖霊は一体であるという教理の理解をめぐって論争が起こった。その後、事が大きくなって収拾がつかなくなったので、時のローマ皇帝コンスタンチヌスが、三二五年、ニケヤに教会の指導者たちの会議を召集した。これがニケヤ会議である。

この会議でアリウスは、キリストは神ではなく「神に類似（homoiousios）」すると主張し、これに対してアタナシオスは、キリストは「神と同質（homoousios）」と主張した――この「類似」と「同質」はギリシャ語では∧ι：イオータ∨が入るか入らないかの違いのため「イオータ論争」などと呼ばれることがある――。最終的に会議ではアリウスの主張が退けられアタナシウスの主張が採択された。ここにおいて父と子と聖霊は同質であるとのキリスト教信仰の最も基本的な三位一体の教理が確立されたのである。

(2)　カルケドン会議

さて前述のニケヤ会議で、キリストは神と同質という決定がなされたが、その結果キリストに内在する∧神性∨と、キリストは肉体をとって世に来たという意味におけるキリストの∧人性∨とが、いかにキリストの中において一致し得るかということが問題となった。すなわち一なる存在がいかにして神であると同時に人であり得るかという問題である。四五一年、東ローマの皇帝マルキアヌスがカルケドンに教会の指導者たちの会議（カルケドン会議）を召集したが、ここでいろいろな問題とともにこの問題の決着が図られた。

アポリナリオスは、キリストの肉体は人間の肉体であったが、霊は神の霊（Logos）であったと主張した。またネストリオス派は、神と人とが機械的に連結していると説いた。しかし、アポリナリウスの考えでは、人間の霊をもたないキリストは真に人間とはいえず、またネストリオス派の考えである機械的に連結しているキリストは、結局神ではなくして神を背負った人間でしかないとして、これらは異端として排斥された。そして、結局会議は、「キリストは、真の人であるとともに、真の神であり、また一つの人格であって分離も分割もできない」と規定して、キリストとは何かというキリスト論論争に一応の決着をつけた。しかし、この結論は決して論理的なものではない。今日の神学書を見ても、これは知的思弁の対象でなく啓示であり神の神秘であるとの表記にとどめている。換言すれば、これは信仰的立場からの要請とでもいうべき結論であったといえるであろう。

ところで、ここでも統一運動の「神の二性性相の統一体」や「神性＝人性」という革命的神学思想は、前述の「三位一体論」や「キリスト論」の理解に大きな光を投げるものであることを付言しておきたい。

さてこの二つの大きな会議のあとは教義上の大きな論争はなく、ここにキリスト教の基本的な教理は確立され、福音は大きく世界へと拡大されていった。この頃のキリスト教会は地中海を取り囲むような形でローマ、コンスタンチノープル（ギリシャ）、アレクサンドリア（エジプト）、アンテオケ（シリア）、エルサレムの諸都市に拠点を置いていたが、これらは古代教会の五大教区を形成した。

8　教父の黄金時代

教会会議時代の中で特にキリスト教史に一転機を画したニケヤ会議のあと、四百年を前後する時代までの間に幾人かの偉大な教父たちが現れ、新しい時代を開いた。この時代をキリスト教史家たちは、教父の黄金時代と名づけている。その中でも最も偉大な人物がアウグスチヌス（三五四～四三〇）であった。

彼は三五四年、北アフリカのタガステという町のローマ官吏の家に生まれた。母モニカは熱心なクリスチャンで、彼の回心のため生涯祈り続けた人である。彼は若い頃かなり放縦な生活をしたが、ある日突然霊感を受け、聖書を開いたところ、ロマ書一三章一三節以下の「主イエス・キリストを着なさい。肉の欲を満たすことに心を向けてはならない」が出てきた。それを契機に彼は回心に導かれた。

彼が残した膨大な著作の量とのちのキリスト教会に与えた影響の大きさにより、アウグスチヌスはパウロとルターの間における最も偉大なる人物として、カトリックからもプロテスタントからも称賛される。

彼の著作中、最大のものは『神国論』である。この著作の前半はキリスト教信仰の弁証であるが、後半はこの世の国と神を中心とした国との闘争の歴史を扱っており、終局的には神の国の勝利に終わるとして、歴史神学の道を開くのに不朽の貢献をした。彼は初めて原罪の概念をキリスト教教理の中に確立させ、さらに三位一体の教理の確立にも大いに力があって、正統信仰の父といわれるに至った。

その他、この時代に大きな働きをした教父としては前述したエウセビオス（二六〇頃〜三三九）やヒエロニムス（三四二頃〜四二〇）、アンブロシウス（三三九頃〜三九七）などがいる。

9　修道院の発生

教会会議時代を前後してキリスト教の中に発生した動きの一つに、修道院の出現がある。修道院生活の創始者はエジプト生まれのアントニウス（二五一頃～三五六）で、彼はイエスの「富める青年」（マルコ一〇・二一）の話に感動し、二十歳で全財産を捨てて隠遁の生活に入った。また彼は、彼を慕って集まってきた人々と共に修道院的な共同体を創設した。しかしながら、正式な修道院としての形態を整えてくるのはバシリウス（三三〇頃～三七九）やベネディクトゥス（四八〇頃～五四三頃）のような修道院生活に対する有能な指導者が現れてきてからである。

第2章　中世教会史

教皇制度が確立（五九〇）された時代から、ルターによる宗教改革（一五一七）前まで

1　ローマ教皇制度の確立

古代教会における五大教区（ローマ、コンスタチノープル、アレクサンドリア、アンテオケ、エルサレム）の監督（教区長）たちは、初め互いに平等の立場に立っていた。ところがエルサレムの教会は、エルサレム陥落（七〇）ののち、力を失った。アレクサンドリアとアンテオケの教会も徐々に力を失い、七世紀にはイスラム教に征服されて姿を消した。結局、西方のローマと東方のコンスタンチノープルの教会だけが最後に残ったのである。

三八一年に開かれた教会のコンスタンチノープル会議では、ローマの監督はコンスタンチノープルの監督より優位の立場にあることが認められた。その後、ローマの監督インノケンチウス一世（在位四〇一～四一七）は、ローマ教会の他の教会への優位性を強調した。そして五九〇年、グレゴリウス一世がローマ監督の立場に立ったが、彼はローマ監督の他の監督への首位権を不動のものとし、実質的にその後の「教皇制度」の基盤を確立した。ローマ教会の主張によれば、イエス・キリストの権威はペテロに委譲されたが（マタイ一六・一九）、ペテロはローマにいる時に殉教したので、彼の合法的な後継者はローマの監督であり、それゆえローマの監督は代々、キリストの権威を受け継ぐ者（＝教皇）である、というのである。

2　イスラム教の勃興

中世のキリスト教に対して大きな影響を与えた勢力にイスラム教がある。アラビアに生まれたマホメット（ムハンマド）は、六一〇年アッラー（神）より啓示を受けたとして活動を開始し、イスラム教を広めた。六三〇年にはイスラム教はほぼアラビアを統一し、続いて西方ではシリア、エジプト、北アフリカを征服、海を渡ってスペインにまでも及んだ。東方では、ササン朝ペルシャを破り東ローマ帝国に臨んだ。イスラム教勢力の拡大により、それまでキリスト教の拠点であったシリアや北アフリカの教会は大きな打撃を受けたが、東方では七一七年から七一八年にかけ東ローマ帝国の軍隊が、西方では七三二年にフランク軍がイスラム教の遠征軍を撃退することにより、やっとイスラム教のキリスト教圏への侵入が阻止された。

3　ゲルマン民族とキリスト教

四世紀の中頃から始まったゲルマン民族の大移動により、彼らは各地に国家を建てた。そのなかでフランク王国の最初の王朝、メロヴィング王朝（四八一〜七五一）を建てたフランク族の王クロービスは、それまで信じてきたアリウス派のキリスト教から、四九六年主流派のローマ教会の教えに改宗し、王朝発展の基礎を築いた。

その後、メロヴィング王朝の実権は宮廷の宰相カール・マルテル、そしてその子ピピンへと移っていった。ピピンは革命を起こし、メロヴィング王朝を倒してカロリング王朝を建て初代の王（在位七五一〜七六八）となった。彼は教会に対して熱心で、七五六年、イタリアの中心部の国土を教皇に寄進した。これが「ピピンの寄進」と呼ばれ「教皇領国家」の始まりとなった。

ピピンの死後、その子チャールズ大帝（カール大帝、七四二〜八一四）が位についた。彼は帝国の拡大を図り、ヨーロッパ全域にわたる大帝国を築いた。彼は父以上に教会に対して熱心で、教皇に対する全面的な協力を約束した。それに対して時の教皇レオ三世は、八〇〇年のクリスマスの日にローマ皇帝の帝冠を彼にかぶせ、ローマ帝国の皇帝たることを宣言した。

チャールズ大帝はアウグスチヌスの『神国論』を愛読し、教会は「魂」、国家は「体」という考えをもって神を中心とした人類統一の夢を果たそうと願った。しかし、彼の帝国は彼の天才的な資質に依存するところが多く、安定した強固な統一体にまでなり得ていなかったため、彼の死後急速に解体の道をたどった。

4　教会の東西分離

三三〇年、ローマの皇帝コンスタンチヌスはローマの都をコンスタンチノープルに移した。続いて三九五年、テオドシウス一世はローマ帝国を東西に分け二人の遺子に治めさせたが、その後、ゲルマン民族の移動により西ローマ帝国は滅亡（四七六）した。その結果、東方のコンスタンチノープルの教会は東ローマ帝国の皇帝の支配下にとどまり、西方のローマの教会は独立した立場に立ったが、のちにフランク王国に接近した。このことは両教会の一体感を損なう大きな原因になった。

ところでこの二つの教会の間には、それ以前からもいろいろな意見の違いが見られた。二世紀の半ば太陰暦を背景とする東方と太陽暦を背景とする西方との間で、復活祭をいつ祝うかという問題が起こり、両者の意見は対立した。教職者の独身制の問題では、東方は監督以外は妻帯を許したのに対し、西方はそれを認めなかった。また、東方は聖職者はひげをはやさねばならないとしたが、西方はその必要はないとした。その他、三二五年のニケヤ会議以来、両者の間に神学的な意見の対立があった。西方は「聖霊は父と子より来る」と主張し、東方は「聖霊は父からのみ来る」と主張した。

また、八世紀から九世紀にかけて聖画像論争がもち上がった。この時、イスラム教徒と接し彼らから「偶像礼拝」と批判を受けていた東方は、当時キリスト教が用いていた絵や像の前での礼拝を禁止したが、西方はそれを許し、両者に対立が生じた。

一〇五四年、東方が西方に対して聖餐式にパン種を入れないパンを使ったといって非難したが、それが契機となって大論争となり、ついに双方が互いに異端として除名し合うことになった。ここにキリスト教史上、決定的な教会の分裂という歴史的な事件が起こった。これを教会の東西分離と呼ぶ。これ以後、この二つの教会はそれぞれ自己の教会の正統性を主張し、自分のほうが普遍的（カトリック）な教会であるとしてローマ・カトリック教会（Roman Catholic Church）と名乗り、一方、自分のほうが正統な教会であるとしてギリシャ正教会（Greek Orthodox Church）と名乗るようになった。

5　教皇制度の絶頂期

東方と決定的な分離をした西方ローマの教会は独走態勢をとり、それまでにも増してその勢力を拡大し、ここに中世教皇制度の絶頂期を迎えるようになった。

中世教皇の中で最も権力を振るったのはグレゴリウス七世（在位一〇七三〜一〇八五）とインノケンチウス三世（在位一一九八〜一二一六）である。

両者はローマ教皇の至上権と無謬性《むびゅう》を主張するとともに、教皇の権威は世俗の権威より優越するとして皇帝の廃位すらできると主張した。当時、それまでの慣例として聖職者は世俗の権威者により任命（叙任）されていたが、グレゴリウス七世はこれに反対し教会による任命を主張して時のドイツ皇帝ヘンリー四世と対立した。そこでグレゴリウス七世はヘンリー四世の廃位と破門を宣言したが、民意もそれを支持したので皇帝は窮地に立たされた。そしてついにヘンリー四世は、アルプスを越え北イタリアのカノッサに滞在中のグレゴリウス七世を訪ねて許しを請うた。これに対し教皇は、皇帝を雪の降る戸外に三日間も裸足で立たせておいたのち、彼を許した。これがいわゆる「カノッサの屈辱」であって、教皇の権威が世俗の権威を凌駕《りょうが》し、如何に強力なものとなっていたかを示す象徴的な事件である。

教皇の権威と世俗の権威との戦いはその後、いくらかの曲折を経て、教皇インノケンチウス三世の時代には教皇の権力は文字どおり絶頂期に達した。彼はグレゴリウス七世の考え方を継承発展させ、教皇は「キリストの代理者」であり、教会だけでなく国家の政治をも支配する権能を持つと主張した。事実、彼は君主の結婚や王の即位の問題にまで干渉し、フランスやイギリス、ドイツ等の国を思いのままに動かすことができただけでなく、その権勢はスカンジナビア、スペイン、キプロス、アルメニアに至る全ヨーロッパに及んだ。

6　十字軍

教皇が絶対的な権力を掌握するようになり、それとともに始まった世俗的な権力との癒着と物質的な豊かさは、一方では教会の中に腐敗を招来する結果となった。この時起こったセルジューク・トルコの聖地エルサレム占拠と、それを奪還せんとする十字軍の敗北は、教会への神の一つの警鐘と見る統一運動の主張は、当を得ているといえる。

キリスト教の聖地エルサレムは、六三八年以来、すでにアラビア系イスラム教徒の手に奪われていたが、その支配がトルコ系イスラム教徒、セルジューク・トルコに取って代わった時、それまで自由になされていたキリスト教徒のエルサレムへの巡礼が野蛮な妨害を受けるようになった。また一方では東方からのイスラム教の侵略に苦しんでいた東方教会の監督が、ローマの監督にイスラム教に対抗するための助力を依頼してきた。ここにおいて、一〇九五年フランスのクレルモンで開かれた教会会議で、時の教皇ウルバヌス二世は、エルサレム奪還と東方教会の支援を目指し、十字軍を起こすべきことを強く訴えた。これに対し、彼の訴えに感激したフランスの農民たちは一斉に立ち上がり、組織も規律もないままに群れをなして聖地に向かった。しかしながら、彼らは途中、海峡を渡って小アジアに入ったのち、イスラム教徒の手によって全滅する結果となった。

その後一〇九六年、フランスやドイツ、イタリアの騎士軍により正式な第一回十字軍が組織された。彼らは一〇九七年春、コンスタンチノープルに達し、その後アンテオケを占領、ついに一〇九九年エルサレムを奪還した。

しかしその後、再び聖地はイスラム教徒の手に渡り、その後それを奪還しようとして一二七〇年の第八回十字軍まで繰り返し十字軍の遠征が試みられたが、ついにその目的を達成することができなかった。特にその中で痛ましかったのは——これは正式な十字軍に数えられていないが——一二一二年に実施された子供十字軍である。実は、それまでの十字軍に参加した者の中には、戦勝によって得られる様々の利益を目的とする者が少なくなかった。そこで純粋な子供には神が働くであろうとしてフランスやドイツから少年少女が集められ、十字軍として送られた。しかし、その多くは途中で倒れ、生き残った者は悪質な商人によりアフリカに奴隷として売られてしまうなど、悲惨な結果に終わった。

7　修道院運動

十字軍戦争とともに並行して教会の内部では一つの運動――修道院運動――が始まっていた。その当時、豊かになったキリスト教会の生活は贅沢《ぜいたく》と華美に流れるようになり、それとともに教会内部の腐敗が進行していた。このような教会の状況を憂い、刷新しようとする動きが修道院から起こった。

その最初の動きとしてシトー会がある。この会は一〇九八年、ロベールという修道士が、フランスのシトーに修道院を創立したことに始まる。この修道会は禁欲苦業を旨とし、自己否定と質素であることを強調したが、この会ではベルナルドゥスの活躍が大きかった。我々がよく耳にするトラピスト修道会も、この流れをくむ修道会である。

これに続く修道会としてフランシスコ会が現れた。イタリアのアッシジに生まれたフランチェスコは病中に回心し、「貧困」こそ私の結婚する相手だとして、全ての財産を捨て、祈りと貧困の生活に入った。彼のもとに集まってきた者たちは貧困に徹し、労働は完全な奉仕であるべきとして無報酬で働き、生活の全ては托鉢《たくはつ》をもって満たした。一二〇九年、彼らの修道会は教皇から公認された。映画「ブラザー・サン　シスター・ムーン」で有名な太陽を兄弟、月を姉妹と呼び神の創造の業をたたえる彼の詩「太陽の賛歌」は有名である。ちなみに「憎しみのあるところに愛を、罪のあるところに赦しを……」で始まる彼の名が冠される「平和の祈り」は実は彼の作ではないが――ある神父による一九一二年の作とされる――、彼の精神をよく伝えているとして愛唱される。一二一二年、彼のもとにクララという少女が来て、別にクララ会という女子修道会がつくられた。

フランシスコ会と同じ托鉢の修道会にドミニコ会がある。これはスペイン人のドミニクスの創立によるものである。彼は若くして信仰心が篤かったが、ある時、異端の教派よりローマ教会が悪く言われているのを聞き、発奮して立ち上がり、厳しい自己否定と火を吐くような説教をもってのみ異端に勝つことができると説いた。同会は学的研究と説教を重んじたが、その貢献が認められてドミニクスは教皇官廷付神学顧問となり、また同会のメンバーが教会の著書検閲機関の要職をしばしば務めた。『神学大全』を著した有名なトマス・アクィナスはこの会の出身である。この会も一二一六年、教皇から公認された。

フランシスコ会とドミニコ会との特質の違いについては、フランシスコ会は人の心に訴え、ドミニコ会は人の頭に訴えたといわれる。

このようにして修道院の活動は教会に大きな影響を与えたのであるが、しかしキリスト教会全体を刷新するまでには至らなかった。

8　スコラ哲学

中世ローマ・カトリック教会時代を風靡《ふうび》した哲学、それはスコラ哲学であった。スコラの語源はギリシャ語の〝余暇〟を意味する〝スコレー〟で、〝余暇〟すなわち〝働かない時間〟に学習するところから転じて〝学習の場〟を意味するようになった。それが中世の哲学に用いられる名称となったもので、英語の〝スクール〟も同じ語源である。

事の起こりは托鉢修道会が、神学を合理化し体系化するためアリストテレスの哲学を使ったことから始まる。彼らはローマ・カトリックの神学をアリストテレスの弁証法と論理学を用いて体系化しようと試みた。これがスコラ哲学である。

スコラ哲学の中心的な課題は、事柄を考える時に使う「概念」の実在性の問題であった。それには次の三つの考え方が問題とされた。

① 実在論
普遍的な「概念」は個物とは関係なく実在するという考え方で、プラトン的イデアの世界を認める考え方である。「贖罪論」で有名なアンセルムス（一〇三三～一一〇九）がこの考えを代表する。スコラ哲学初期（十一世紀～十二世紀）の考え方である。

② 中庸実在論
普遍的な「概念」は個物の中に実在するという考え方で、トマス・アクィナス（一二二四～一二七四）がこの考え方を代表し、スコラ哲学中期（十三世紀）の考え方である。

③ 唯名論
普遍的な「概念」は個物の観察のあとに生じた観念にすぎないという考え方で、オッカム（一二八五～一三四九）がこの考え方を代表し、スコラ哲学後期（十四世紀）の考え方である。

これらスコラ哲学者たちの中で代表的人物はトマス・アクィナスで、彼は信仰と理性の統合を求めて『神学大全』を著した。これは事実上、カトリック神学を集大成したもので、第一部神の有、第二部人間の罪、第三部キリストによる救い、から成っている。

また一方、オッカムのウィリアムの唯名論は、全体よりも個を重んずる傾向を持っていたので、カトリック教会の権威を落とすとともに、一方では宗教改革の思想的背景を準備する結果ともなった。唯名論は中世後期において支配的な考え方となった。

なお、スコラ哲学の発達とともに、それを学ぶための場として一二〇〇年頃から「大学」が発達、この時代に学士、修士、博士の制度ができた。

9　教皇のバビロン捕囚

前述したように、修道院運動は大きな影響をキリスト教会に及ぼしたが、それは教会全体の根本的な覚醒の力とはならなかった。そして、教会内部の腐敗や十字軍戦役の失敗は、それまでの教皇庁の権威を失墜せしめ、教皇庁は徐々に民衆の支持を失う結果となった。反対に国王のほうが、その当時勃興してきた中産階級と手を握って権力を増大してきた。

一三〇五年、教皇になったクレメンス五世はフランス人であったが、力が弱く道徳的にも疑わしい人物であった。彼はフランス王フィリップ四世の圧力により、一三〇九年教皇庁を南フランスのアビニョンに移すことを余儀なくされた。ローマ教皇はそこで約七十年間幽閉生活を経験したが、これをキリスト教史家は「教皇のバビロン捕囚」と呼んでいる。

一三七七年、教皇グレゴリウス十一世は教皇庁をアビニョンからローマに移したが、次の教皇ウルバヌス六世の時、枢機卿たちによって別の教皇クレメンス七世が立てられた。クレメンス七世は教皇庁をフランスのアビニョンに置いてローマのウルバヌス六世と対立した。のちにローマ・カトリック教会は四十年にわたって二分された。

その結果、ヨーロッパはローマ側につく国家とアビニョン側につく国家とに二分されるとともに、互いに相手を非難し破門し合った。その後、両教皇は廃位されて別の教皇が立てられたが、前の二者がそれを承諾しなかったので、一時は三人の教皇が鼎立《ていりつ》することになった。最終的にはコンスタンツ会議でマルティヌス五世が教皇として立てられ、事態は収拾された。

このように、教皇庁は悲惨な経過をたどらされたが、その後の教皇は再び専制を回復し、会議の提案をした改革案にも応じず、教皇庁は一層腐敗の道をたどることになった。ここに至って宗教改革が必然的な道となってきたのである。

10　教職者の腐敗

霊的生命を失い腐敗の道をたどっていったカトリック教会に、一層拍車をかけたものの一つに、その当時胎動してきたルネサンスの影響がある。

ルネサンス期の教皇たちはその影響を受け、文芸保護に多額の財を浪費し、また芸術愛好の耽美《たんび》主義は教皇の道徳的頽廃《たいはい》を一層助長する結果となった。

この頃、教皇になったアレクサンデル六世（在位一四九二～一五〇三）は買収によって教皇になったといわれる。宗教改革当初の教皇でルターを異端として破門したレオ十世（在位一五一三～一五二一）の時には、その世俗化が絶頂に達した。また、当然のことであるが教皇庁と共に各地の司教たちも頽廃的になっていた。マグデブルクの大司教ギュンターはその在職三十五年間にミサを執り行ったのは、ただ一回だけで、ストラスブールの司教ロベールは在職中一度もミサを行わなかったといわれる。当時、司教や修道院長という高位の聖職は金で買収され、もっぱら貴族のものとなった。そして、その豊かな収入と高い宗教的地位とは世俗的支配欲や奢侈《しゃし》、不倫な行為に費やされた。聖職者が妾《めかけ》をもつのが普通のこととなり、生まれた子供をどうするかが問題となった。このような教職者の状況は一般民衆にも反映し、彼らの信仰は形骸化し、彼らを不信や背教へと走らせる結果となった。

11　宗教改革の先駆者たち

カトリック教会の腐敗が進む中、これを解決しようとする群れが現れてきた。その一つに当時の神秘主義の動きがある。ドミニコ会出身のマイスター・エックハルト（一二六〇頃～一三二八頃）は形式的な礼拝を否定し、生きた神との出会いを説いてドイツ神秘主義の祖といわれる。彼の思想は「神の友」と呼ばれたドミニコ会士のグループに受け継がれ、そこから「兄弟会」という共同生活をする熱心なグループが生まれた。この「兄弟会」の中から鮮烈な信仰の修養書として有名な『キリストにならいて』の著者と考えられたトマス・ア・ケンピス（一三八〇頃～一四七一）が出た。（今日では同書の著者としてのトマス・ア・ケンピスは疑問視されており、彼は編集か筆写に携わったと考えられている）

これらの神秘主義は、あまりにも理性的なスコラ哲学の反動として、また堕落した教会に対する抗議として出てきたものである。神秘主義者たちの試みは宗教を人格的なものとして取り戻そうとするものであったが、それに対して教会を聖書に基づいた理想に戻そうとした人たちがいた。その中の一人がイギリスのオックスフォード大学の研究者で教授であったジョン・ウィクリフ（一三二〇頃～一三八四）である。彼は、ローマ教会の腐敗の原因はその豊かな財産であるとして、その財産を神のために有益に使える人物に与えるべきであると説いた。また教会の頭《かしら》は教皇ではなくキリストであり、また聖書が唯一の信仰と生活の規範であると主張した。ところで、その当時使われていた聖書は一般信徒には読めないラテン語訳で、ローマ教会は聖書をそれ以外の言語に訳することを禁じていた。これに対して彼は、彼の信条に基づき一三八二年、初めて英語訳の新約聖書を完成させ、誰でも聖書を読めるようにした。彼の考え方は中央で排斥されたが、彼は平信徒の伝道団（「清貧説教者団」）を創設し、イギリス全土に彼の思想を説いて回った。

ちょうどその頃、イギリスに留学していたボヘミアの大学生がこのウィクリフの思想を故郷にもって帰り、プラーハ大学の学長ヤン・フス（一三六九頃～一四一五）に伝えた。フスはウィクリフの著書を読んで感動し、彼の思想に基づいてボヘミアで改革運動を始めた。ところが、そのことがローマ教会の怒りに触れ、彼は教会から破門され、逮捕された。しかしながら彼は、最後まで自説の取り消しを拒否したため、ついに火刑に処せられた。

彼の死後、彼の思想は弟子たちに受け継がれたが、その中でも最も過激な群れがタボル派で、ローマ教会の信仰と習慣の中で聖書にないものを全て退けた。このタボル派からボヘミア兄弟団が生まれ、この中からモラビア派という信仰の流れが出てきた。のちにウェスレーはこのモラビア派の人々から大きな影響を受けた。また、フスの教えと勇気ある行動は、のちのルターにも多大な霊的感化を与えた。彼の生き様は、我々に「一粒の麦が地に落ちて死ななければ、それはただ一粒のままである。しかし、もし死んだなら、豊かに実を結ぶようになる」（ヨハネ一二・二四）というキリストの言葉を思い出させる。

また、一方、イタリアのドミニコ会修道士サヴォナローラ（一四五二〜一四九八）は、ルネサンスが助長した都市の宗教的道徳的腐敗を激しく批判するとともに、その元凶としてのローマ教皇庁を激しく攻撃し、改革を迫った。その結果、教会から破門され、最終的には彼の過激な改革運動に反発した市会から絞首刑に処せられた。彼もまた、フスの戦列に連なる者の一人であった。

第3章　近世教会史

宗教改革（一五一七年）から今日まで

1　ルターの宗教改革

(1)　ルターの生いたち

マルチン・ルター（一四八三～一五四六）はドイツのアイスレーベンで生まれた。彼の父は農民出身であったが、のちに鉱山で財を得て財産家になった。一五〇一年、彼はエルフルト大学に入学、そこで唯名論で有名なオッカムの思想を学び、「神の啓示こそ信仰の手引きである」との教えを受けた。このような考えは聖書を中心とする宗教改革の源流にある考え方である。

一五〇五年七月、彼はエルフルト近くの路上で激しい雷雨に遭ったが、その死の恐怖から「命が助かれば修道士になります」と神に誓った。それから三週間ほどして、彼はエルフルトのアウグスチヌス会の修道院に入った。このアウグスチヌス修道院の精神、すなわちアウグスチヌスの神学は宗教改革の理念に近い内容であって、行為によらず信仰によって救われるという宗教改革の基本となった「信仰義認」の考え方と相通ずるものを持っていた。

一五〇七年、ルターは聖職者としての任命を受けた。その後、彼は一五一〇年から二年間教会の要務でローマを訪問したが、そこで彼はローマ教会の腐敗と贅沢《ぜいたく》を目の当たりにした。このような体験も、彼の宗教改革への一つの動機となったと考えられる。

一五一二年、彼は神学博士の学位を授けられウィッテンベルク大学で聖書の講義を行うようになった。この頃ルターは宗教改革の原点となった「塔の体験」といわれる新しい福音理解の道を示されるのである。彼の最初の講義は一五一三年から一五一五年までの詩篇の講義で、その後宗教改革が起こるまでの間にロマ書、ガラテヤ書等の講義を行ったが、それらの講義の中に彼の新しい福音理解の道が導入された。

ところでルターの新しい福音理解の道は「塔の体験」と呼ばれるのであるが、それはウィッテンベルク大学の学生寮の一角にある塔の中で示されたところからそう呼ばれる。ルターはその「体験」を通じてそれまでにない新しい信仰の世界に導き入れられ、かつてなかった魂の平安と救いの確信を得るに至ったのである。その平安と救いの確信は、単なる儀式を通してのムードによる平安ではなく、苦業、禁欲による満足感でもなく、また神秘主義的な体験から来る恍惚《こうこつ》感でもない、それはまさに信仰そのものから来る平安であり、救いの確信であった。彼の信仰的確信はロマ書一章一七節に要約されるといわれる。

(2)　宗教改革

ルターが信仰による救いの確信――「信仰義認」――に到達してしばらくしたちょうどその頃、すなわち一五一七年、ローマ・カトリック教会はウィッテンベルクの近くで免罪符の販売を開始した。免罪符はそれを買うことにより、罪の償いが軽くなるというものでローマ・カトリック教会が案出したものである。人々は自分の罪を軽くしてもらうためにこれを買った。ところが、これが本来の意味を失って教会側には単なる金集めの手段にすぎなくなり、また民衆には真の悔い改めを害するものでしかなくなっているのを見て、ルターの怒りは爆発した。

一五一七年十月三十一日、彼はウィッテンベルク城内の教会の扉に九十五条の提題を掲示し、免罪符制度の乱用を批判するとともに、これに対する公開討論を呼びかけたのである。彼のカトリック教会への提題は二週間のうちに全ドイツに知れわたり、ここに歴史的な宗教改革の第一歩が開始された。

翌年の一五一八年、彼はハイデルベルクの修道士たちの前で審問を受けることになった。このようにしてカトリック教会からの最初の反撃が始まった。攻撃を受ける立場に立ったルターであったが、同年彼は、彼の助け手となるのにふさわしい一人の人物を得た。それがフィリップ・メランヒトン（一四九七〜一五六〇）である。彼は優秀なギリシャ語の教授で、この年ルターのいるウィッテンベルク大学に赴任してきたのである。彼はルターの主張を全面的に支持し、預言者的なルターの叫びに対し、彼はそれを神学的に裏付ける理論的な支柱として大きな力になった。その他、ルターにはもう一人の強力な後援者がいた。それはウィッテンベルク大学の創設者であるザクセン選帝侯フリードリッヒである。彼はこの勇敢な改革者に惜しみない協力を行った。

一五一九年、ルターはカトリック教会最大の理論家ヨハン・エックとライプチッヒで論争した。この時はエックの巧妙な戦術にはまり、ルターは異端者とされてしまった。

一五二〇年、彼は争点を三つの文書をもって公表した。すなわち『ドイツ国民のキリスト者貴族に与える書』で教皇の絶対性を否定し、『教会のバビロニア捕囚』をもって洗礼と聖餐式以外の礼典を否定し、『キリスト者の自由』をもって「信仰義認」による救済観を主張し、カトリック教会を攻撃した。

彼の提起した宗教改革の原理は、大体次の三つに集約される。すなわち①「信仰義認」思想、信仰によってのみ義とされること（ソラ・フィデ）、②聖書主義、聖書のみが信仰と生活の唯一の規範であること（ソラ・スクリプトゥラ）、③「万人祭司」説、神・キリストとの関係において信仰者は全て祭司であること。祭司制度としての教皇制度の否定――換言して〝キリストのみ〟とも言われる――。

一五二一年、ルターの最終的な処遇をめぐってドイツのヴォルムス帝国議会が開かれ、そこでルターが弁明を要求された。彼はその場で、聖書か理性において納得しない限り自説を取り消さないことを断言した。これによりルターの友人たちは彼の身辺の危険を感じ、議会の帰途を襲い、彼を捕縛してヴァルトブルク城にかくまった。ルターはこの城に約一年間とどまり、そこで聖書のドイツ語訳を完成させた。その後、再び彼は城を出て改革運動を強力に指導した。

一五二五年、ルターはカトリック教会の戒律を破って修道女カタリナ・フォン・ボラと結婚した。彼は六人の子供をもうけ、家庭生活を大いに楽しんだという。

一五二九年頃からルターの改革に従った人たちは、「プロテスタント（抗議する人）」と呼ばれるようになった。一五三〇年にはルター派の信仰信条をまとめた「アウグスブルク信仰告白」を発表した。ここにルター派は、カトリック教会と完全に分離してプロテスタント教会の最初の教派としての基盤を完成したのである。

一五四六年、歴史的な使命を果たしたルターはこの世を去った。

ルターの死後、ルター派の指導者はメランヒトンになったが、その後ルター派の勢力が増大するにつれカトリック側との対立が激化した。そして、両者はついに戦火を交えることになったが、これが一五四六年から一五五二年にわたるシュマルカルデン戦争である。一五五五年、両者に講和が成立し――「アウグスブルク和議」――、ルター派はここに初めてローマ・カトリック教会と同等の立場を獲得したのである。のちに、ルター派は北欧に勢力を伸ばし、デンマーク、ノルウエー、スウェーデン、フィンランドへ教勢を拡大した。

2　スイスにおける宗教改革

宗教改革の第一弾はドイツに炸裂したが、第二弾はスイスで炸裂した。ルターによるドイツでの宗教改革は、その先駆をなしたという意味で大きな意味をもつが、その後のプロテスタント教会史に大きな力を示したのはスイスで起こったカルヴァン派であった。第二弾の宗教改革がスイスに起こった理由の一つに、この国は元来自由で民主的な風土をもっていた点を挙げることができる。

(1)　ツウィングリの宗教改革

フルドリッヒ・ツウィングリ（一四八四〜一五三一）は、スイスのトッゲンブルク州ヴィルトハウスの富農の子として生まれたが、ウィーン大学で哲学を、続いてバーゼル大学では神学を学んだ。彼は在学中ヒューマニストたちと交流を深めたが、一方スイスで、宗教改革の先駆者的思想を持っていた同大学の神学教授ヴィッテンバッハから、神学の領域に人文主義的思考を適用する可能性と聖書中心的、恩恵中心的思想を学んだ。

一五一九年、彼はチューリッヒ教会の司祭に任じられた。この年、ツウィングリはペストにかかり九死に一生を得たが、この体験を通して彼は改革者への神の召命を感じ、改革者としての道を歩み出した。一五二二年三月、彼は説教を通して改革者としての立場を公の場で発表した。彼はカトリック教会の儀式的律法からの自由を主張し、最終的には教皇制度をも否定して、ルターの言う三原則（救いは、信仰のみ、聖書のみ、キリストのみ）を踏襲した。同年、彼は未亡人アンナ・マイアーと結婚した。

一五二三年、チューリッヒ市議会は、ツウィングリの改革運動に対する態度を決定すべくカトリック教会側とツウィングリとの公開討論の場を用意した。ツウィングリはその場で、宗教改革の中心的主張を網羅した六十七項目の内容を提示したが、これが議会で認められ、改革は政治的な力を持って進められることとなった。

一五二七年、ツウィングリを中心とした勢力は、スイス福音主義教会会議を開き、カトリック教会に対抗する宗教的組織を結成した。これに対しカトリック側も州連盟を結成し、一五二九年、両者の対立が激化して武力衝突にまで発展したが、両者はカッペルで講和した。しかしながらその後も、両者の武力による衝突が続き、その戦いの中で従軍牧師として参加したツウィングリは、一九三一年に戦死した。彼の死後、H・ブリンガーが跡を継いだが、この流れは、のちにカルヴァン派との間に「チューリッヒ一致信条」を結び、これに合流することになった。

(2)　再浸礼派

ところで、ツウィングリの宗教改革運動の中から一つの傍流ともいうべき流れが出てきた。それが再浸礼派（アナバプテスト）といわれる人たちである。その創始者はコンラート・グレーベル（一四九〇頃～一五二六）で、初めはツウィングリと共に宗教改革運動を行っていたが、その中でツウィングリの「幼児洗礼は聖書的根拠がない」との主張に心引かれた。この流れは聖書のみに信仰規範を置こういう強い（根本主義的）傾向があり、急進的な性格をもっていた。彼らは当時、社会的には常識化していた幼児洗礼を否定し、また世俗的な権力である政治と宗教との完全分離を要求した。また一方、彼らは社会主義的傾向を持ち、財産を共有して共同生活をすることもあった。

このような彼らの動きは、社会秩序を乱すということで一般社会から大きな迫害を受けるようになったが、これを見てツウィングリは自己の幼児洗礼に関する説を引っ込め、一五二五年再浸礼派の動きと袂《たもと》を分けた。その後、再浸礼派は社会からの迫害を逃れて他国へ移り、スイスでは一五三五年頃までに姿を消した。しかしながら、彼らの聖書を中心としたラディカルな考え方は、労働者や農民など社会の底辺にいた人たちから受け入れられ、ドイツやオランダなどヨーロッパ各地に大きな影響を与えた。

ドイツでは、バルタザール・フープマイヤーがこの再浸礼派を受け入れその先駆となったが、彼は迫害を受け一五二八年に火刑に処せられた。一方、一五三四年、メルヒオール・ホフマンがこの派の再洗礼を受けたが、彼は独特の神秘主義をこの派に持ち込んだ。彼はミュンスター大聖堂の聖職者B・ロートマンと共にキリスト千年王国はミュンスター市に建てられるとして、一五三四年ミュンスター市を武力で占領した。そこでは神の国を建設するという名目のもと、財産の共有と旧約聖書の一夫多妻に似た生活がなされた。この事件は一年ののちに、カトリック系の軍隊により鎮圧されたが、このことによって再浸礼派は一般市民から非難を買い、またカトリック、プロテスタントの双方からも排斥される結果となった。

オランダではメノー・シモンズ（一四九二〜一五五九）が再浸礼派の教義を受け入れたが、彼は、ミュンスター市の轍《てつ》を踏まないよう健全な指導を行い、再浸礼派の発展に貢献した。彼のつくった「兄弟会」はのちに、メノー派と呼ばれ、今日のメノナイトといわれる教派の源流となった。

(3) カルヴァンの宗教改革

スイスにおける宗教改革の本流となったのはカルヴァンの宗教改革である。

宗教改革者ジャン・カルヴァン（一五〇九〜一五六四）が歴史の舞台に登場するのはルターやツウィングリの時代より一世代後（約二十年後）の時代で、カルヴァンは宗教改革者二世ともいうべき存在である。しかし、彼の働きはその後のプロテスタント教会の流れに大きな影響を残した。

カルヴァンは北部フランス・ピカルディ州のノアイヨンの出身で、父親は同地の司教の書記をしていた。彼は父の勧めに従ってオルレアン大学、その後ブールジュ大学において法律を勉強した。彼は在学中、当時のヒューマニストとしての教養を身につけるとともにプロテスタントたちとも交わったが、その間に宗教改革者としての決意を固めることになった。宗教改革者としての立場が明確になることによって彼は迫害を受けるようになり、パリを逃れてスイスのバーゼルに赴いた。カルヴァンはこのバーゼルで、彼の最大の著作であり、また彼の宗教改革の指導理念となった『キリスト教綱要』（一五三六）を弱冠二十六歳の若さで書き上げた。

さて、一五三六年、スイスのジュネーブの議会は、宗教改革思想を受け入れることを決議し、宗教改革担当者としてギヨーム・ファレルを選んだ。彼は、彼の良き協力者としてカルヴァンを選んだが、カルヴァンは彼の要求を受け入れ、共に活動を開始した。しかしながらその後、彼らの指導が厳格すぎたため、聖餐式をめぐって問題が発生し、それが発端となって彼らはジュネーブを追われる結果となった（一五三八）。のちにカルヴァンはドイツのストラスブールにとどまったが、そこで三人の子供を持つ未亡人、イドレット・ド・ビュールと結婚した。

一五四一年、再びジュネーブに戻ったカルヴァンは、教会を組織化し、厳重な規律（「教会条例」）を設け、ここにカルヴァン派の基礎を築いた。彼は教会に、牧師、教師、長老、執事から成る明確な組織（長老制度：一定の地域にある複数の教会から長老を選び出し長老会を組織して、この長老会によってその地域内の教会が統括される制度）をつくり、神政政治にも似た厳格な改革を行った。また一方彼は、規律に従わない信徒を除名し、時には国家を動かして処刑までさせた。一五五三年、彼は三位一体の教理を疑ったセルヴェトゥスを火刑に処したが、これは彼の生涯の汚点と呼ばれることもあるが、また一方では彼の信仰態度を示すものだともいわれる。現代の社会通念からすると厳しすぎる彼のやり方であるが、当時の社会では国家の認めた宗教に従わないものは罰せられても当然との考えがあって、ローマ・カトリック側もプロテスタント側でも同じ考えであった。

一五六四年、カルヴァンは病身の上、改革の激務のため倒れ、帰らぬ人となった。

ルターは信仰による義認を強調し、〝信仰〟に救いの確かさを置いたのに対し、カルヴァンは神の絶対的権能を強調し、〝神の絶対的選び〟―カルヴァンの予定説―に救いの確かさを置いた。彼の神学は、次の五つ（五特質）に要約できる。「全的堕落」（Total depravity）、「無条件的選び」（Unconditional election）、「限定的贖罪」（Limited atonement）、「不可抗的恩恵」（Irresistible grace）、「聖徒の堅忍」（Perseverance of the saints）である。それらの頭文字を取って、一般的にチューリップ（tulip）と呼ばれる。

その後、カルヴァンの思想はドイツ、ハンガリー、フランス、オランダ、スコットランド、アイルランド、ポーランドへと広がり、改革派教会（Reformed Church）や長老派教会（Presbyterian Church）といわれるプロテスタントの主流の流れをつくっていった。フランスではこの流れはユグノーと呼ばれたが、彼らはカトリック教会と改革派の争いであった「ユグノー戦争」や改革派の教徒が大量に虐殺された事件「聖バーソロミューの虐殺」（一五七二）を経験した。この流れはスコットランドとオランダで強固な基盤を築いたが、スコットランドでは少々荒々しかったが、勇敢に改革を進めたジョン・ノックス（一五一四頃～一五七二）の働きが大きかった。

3　イギリスでの改革運動

ヨーロッパでの宗教改革運動は、大きく見て四つのタイプの改革運動が起こった。その第一のタイプは、ドイツでのルター派であり、第二と第三のタイプは、スイスでの改革派と再浸礼（アナバプテスト）派である。そして第四のタイプは、イギリスの国教会に見る改革運動であった。

イギリスの国王ヘンリー八世（一四九一～一五四七）は、キャサリンと結婚したが彼女は男子を出産しなかったので、彼女と離婚しアン・ブーリンと結婚することを願った。しかしながらカトリック教会では離婚は認められないので、彼は一五三四年「首長令」を発し国内における教会の首長は国王にあるとした。その結果、イギリスの教会は、教義的内容はローマ・カトリックのものを相続しながらも――ただし、その後かなりプロテスタント的に修正された――ローマ・カトリック教会から独立してイギリス国教会（イギリス聖公会・Anglican Church）となったのである。

さて、このようにイギリス国教会は、信仰においてはカトリック的であるが、教皇からの自由を勝ち得たという点ではプロテスタント的であったので、カトリックとプロテスタントの中間的な色彩を帯びていた。そこで、これでは改革が不徹底だとし、国教会を根本的に「清め」なければならないとする群れが国教会の中に発生した。これが清教徒（ピューリタン）である。

清教徒は、初め教会の典礼におけるいかにもローマ教会くさい儀礼や服装に反対した。例えば十字を切るしぐさや、聖餐式のときにひざまずく姿勢、また司祭などの仰々しい衣装などである。彼らの運動は継続的に伸展し、その中から明確な主張を持つ流れが出てきた。その一つはトーマス・カートライト（一五三五～一六〇三）を中心とするもので、彼らは国教会の運営は国教会の監督ではなく、カルヴァン派の主張するような長老制度によって運営されるべきであると唱えた。彼らは、長老派（Presbyterian Church）と呼ばれる流れをつくったが、カートライトはその先駆となった。また一方ヘンリー・ジェーコブ（一五六二～一六二六）は、教会の運営は個々の教会の会員（会衆）に任せられるべきだとする会衆派（組合派・Congregational Church）の流れをつくった。この会衆派の中から教会と国家の完全な分離を願う分離派が出てきたが、メイフラワー号に乗ってアメリカに渡ったのはこの分離派清教徒たちである。またこの分離派から信仰だけでなく行為を重んじるアルミニウス派や、再浸礼派の影響を受けたバプテスト派が誕生した。また、これとは別に会衆派の一部が浸礼やカルヴァン主義に固執して分裂（一六三三）し、別のバプテスト派ができた。このバプテスト派は前者と区別されるときはカルヴァン主義バプテストまたは特別バプテストと呼ばれ、これに対して、前者は一般バプテストと呼ばれる。

これら清教徒の運動はその後、いろいろな曲折を経ていくことになったが、国教会の造反としての清教徒は、時に王と国教会から激しい迫害を受け、一部の清教徒たちは信仰の自由を求めアメリカに渡った。

一六四二年、王と清教徒を中心とする議会との間に戦争が勃発したが、清教徒を代表するクロムウェル（一五九九〜一六五八）の活躍で議会側が勝った。これがピューリタン革命である。これにより王政が廃止され、共和政が敷かれて清教徒が全面的に勢力を握ることになった。ところが一六五五年（一六五八年）、クロムウェルの死とともに共和政が崩れて再び王政が復活、国教会が力をもつようになった。その後、一六八五年、国王となったジェームズ二世は熱心なカトリック教徒で、国教会をカトリック教会に復帰させようとした。これに反対した議会は、ジェームズ二世を排除しオランダよりウィリアムを迎えて王としたが、これが一六八八年の名誉革命である。

清教徒の中からは、深い神学的な思想に裏打ちされた叙事詩『失楽園』の著者ミルトン（一六〇八～一六七四）や、キリスト者の生涯を巧みに描いた寓話《ぐうわ》『天路歴程』で有名なバンヤン（一六二八～一六八八）が出た。

4　カトリックの対抗改革

ルターを中心とした改革運動は、初めカトリック教会の内部における改革運動であったが最終的には別の新しい教派をつくる結果となった。このようなプロテスタントの動きに対し、カトリックの内部ではプロテスタントの攻勢に対処しようとするいろいろな動きがあった。これらの動きはカトリックの「対抗改革」と呼ばれる。

カトリック側からプロテスタントの動きに対抗して立ち上がった一つの勢力に、スペインのイグナチウス・ロヨラ（一四九一～一五五六）によるイエズス会の動きがある。彼らは教皇への絶対服従を誓い、プロテスタントにより奪われた失地を他の所で回復しようとして外国伝道に大いに熱心で大きな成果を上げた。日本に来たフランシスコ・ザビエルは、ロヨラと共にこのイエズス会を創設した人物の一人で、また同会の初代の大宣教師でもあった。

また一方カトリック教会は、プロテスタントが提起した問題に対し明確な態度を決定するため、一五四五年「トリエント公会議」を開いた。この会議で決まったことは、第一に、聖書だけに権威を置くとするプロテスタントの主張に対し、これまで伝わってきた「伝承」にもその権威のあることを確認した。第二に、信仰によってのみ救われるとするプロテスタントの主張に対し、行為（善行）も救いに参与するとした。第三に、プロテスタントは教会の礼典をバプテスマ（洗礼）と聖餐式に限ったのに対し、これに加え信仰告白を意味する「堅信」、罪を告白しその赦《ゆる》しを乞う「告解」、病人が死ぬ前に受ける「終油」、聖職者の任命を意味する「叙任」、そして「婚姻」の合計七つの儀式を礼典（サクラメント）とした。第四に、聖人、聖画、聖像、聖遺物のみ崇拝を認めた。

このように、トリエント公会議は、今までのカトリック教会で伝統的になされてきたことをもう一度確認することになり、ここにプロテスタントと完全な分離を宣言する結果となったのである。これよりヨーロッパは宗教的に明確に二分されることになった。

5　三十年戦争

ドイツにおける宗教改革運動は、ルター派とローマ・カトリック側によるアウグスブルク和議（一五五五年）により社会的位置を確立した。しかし、その後、ルター派とは別にカルヴァン派が台頭してきたり、また和議で結んだ事柄が守られなかったりしたことからカトリック側とプロテスタント側（ルター派・カルヴァン派）の対立が激化、一六一八年両者の間に再び戦争が勃発した。これが欧州最大でまた最後の宗教戦争といわれる三十年戦争である。ドイツを戦場とするこの戦争は、欧州各国の政治的な思惑と絡んで国際的な戦争となったが、最後には双方とも疲れ果て戦線が膠着《こうちゃく》状態となり、ついに一六四八年、双方の完全な同権を認めるウェストファリア条約によって終結した。

ここにヨーロッパの宗教改革に端を発する戦争は全て終わりを告げ、プロテスタントは欧州において全面的な信仰の自由を勝ち取ったのである。しかしその代償は大きかった。戦場になったドイツの国土の荒廃は著しく、戦争により少なくとも一千万人以上の人が死に、人口は三分の一に激減したといわれる。

6　合理主義の台頭

十六世紀に起こった宗教改革運動（プロテスタンティズム）は、聖書を中心とする救済論に固執するあまり教条主義的傾向をもち、十七世紀には〝冷たい正統主義〟といわれる立場に転落してしまった。これを称して「プロテスタント・スコラ主義」という。

そこで、この反動として二つの異なった形での動きが現れた。その一つは、理性で納得できるようそれまでのキリスト教を再解釈し、堅苦しい教義から解放されようとするもので、理神論と呼ばれるものである。もう一つは、冷却された信仰から脱しようとする信仰復興運動である。

理神論の発生した十七世紀から十八世紀は、コペルニクス（一四七三〜一五四三）、ガリレオ・ガリレイ（一五六四〜一六四二）、ニュートン（一六四二〜一七二七）等の自然科学者が現れ、今までの中世的自然観を全く逆転してしまった時代である。彼らによれば、自然界の全てのものは法則に基づいて規則正しく動いており、大自然は大きな機械装置にすぎないというのであった。他方、その当時の「地理上の発見」は、ヨーロッパの人々の目を広く世界に向けさせた。その結果、世界にはキリスト教だけでなく、他にも多くの宗教があることを知った。このような世界観や宗教観の変化は、当時の人たちに全世界に通用する普遍的な宗教を求めさせる動機ともなったのである。また一方、フランシス・ベーコン（一五六一～一六二六）の帰納法や、ルネ・デカルト（一五九六～一六五〇）の合理論の哲学思想は、理性や実証性の伴った宗教を求めた。このような背景のもとに理神論はイギリスに生まれ、フランス、ドイツ、アメリカに大きな影響を与えた。

理神論の先駆は、イギリスのシャーベリーのハーバート（一五八三～一六四八）である。理神論者の考えは、イギリス上流階級に大きな影響を与え、それがフランスに広がってルソーやヴォルテールに影響を与えた。またアメリカに及んではフランクリン、ジェファーソン、トーマス・ペイン等に大きな影響を与え、破壊的な力を奮った。

理神論は、この世界を神の造った巨大な機械と見るので、一旦創造の終わった神にはこの世に対する干渉の余地を与えない。したがってそこでは、奇跡、啓示、預言、摂理、キリスト等を認めず、聖書は啓示の書よりは、単なる道徳の教科書でしかなくなってしまった。

理神論は、人間の本性を善と見て、人間は努力することによって完全な者となり得ると主張するところから、人類に不断の進歩と楽天的な世界とを約束し、近代自由主義の祖としての役割を果たした。しかし、正統派キリスト教にとっては大きな挑戦となった。

7　信仰復興運動

十八世紀の理性の時代にあってそれに歩調を合わせた理神論に対し、他方では霊的生命を求めて信仰復興を願う動きが始まっていた。

まず、十七世紀に入るとカトリック教会の中に静寂主義者といわれる群れが現れ、内省的な動きを示した。またスウェーデンにはスウェーデンボルグ（一六八八〜一七七二）が現れ、当時の人々に天界（霊界）の様子を詳しく紹介し、大きな影響を与えた。

ドイツではルター派の冷たい正統主義に対し、その反動としてドイツ敬虔《けいけん》主義が起こった。これは、ルター派の牧師フィリップ・シュペーナー（一六三五〜一七〇五）により始められたもので、聖書研究と祈りを中心とするものである。この敬虔主義の動きは信仰の停滞していたルター派に新鮮な霊力を注入することになった。

イギリスでは、ジョージ・フォックス（一六二四〜一六九一）によるクェーカー派が起こった。この派は教会制度や礼典等の外的なものを一切排除し、神から示される「内なる光」による真剣な倫理的信仰生活の実践を主張した。

このような流れの中で、イギリスに起こった有名な信仰復興運動としてメソジスト運動がある。この運動が起こった頃のイギリスは、道徳が頽廃《たいはい》し、信仰生活が地に落ち、全く「病める世紀」であったが、このイギリスを救ったのがメソジスト運動であり、またその創始者ジョン・ウェスレー（一七〇三～一七九一）である。

一七三八年五月二十四日午後八時四十五分、ついにウェスレーに召命の時がやって来た。彼はその時、ロンドンの敬虔派の集会に参加していたが、そこではルターの「ロマ書注解」の序文が読まれていた。彼はそれを聞いているうちに、心が不思議に燃え上がったのである。ウェスレーはこの「回心」の経験を基点として、信仰による新生とキリストの内在による聖化という彼の信仰的確信を固めていった。

彼の爆発的活動は、一七三九年の野外説教をもって開始された。彼は燃え上がる情熱をもってイギリス中を東奔西走し、五十年にわたる伝道の生涯で約四万二千回に及ぶ説教をし、五十冊以上の本を書いた。このウェスレーの運動に大きな助けとなったのが弟チャールズ・ウェスレーである。彼は六千に上る讃美歌を作り、ウェスレーの集会に大きく貢献した。

この二人の兄弟が起こした運動は、イギリス一国の運命を救っただけでなく、全世界のキリスト教に大きな影響を与えた。

8　アメリカのキリスト教の成立

アメリカへのキリスト教の移植は、イギリスのアメリカ植民地経営とともに始まった。一六〇六年、イギリスのヴァージニア植民会社がアメリカにイギリス国教会（聖公会）を設立した。しかしアメリカをプロテスタントの王国にしたのはこの人たちではなく、その後、イギリスでの迫害から逃れ、信仰の自由を求めてやって来た清教徒たちである。

一六二〇年、メイフラワー号に乗ってピルグリム・ファザーズと呼ばれる最初の清教徒がやって来た。彼らは会衆派の中でも分離派と呼ばれる人たちで、イギリス国教会から分離し理想の信仰社会を建設せんとしてやって来たのである。一行はニューイングランド州のプリマスに上陸した。出発時は百二名だったが、最初の冬に約半数が病死するなど苦労の道を通過した。彼らはアメリカのキリスト教社会の祖となった。その後、清教徒たちが次々とやって来て、一六四二年までにはその数が二万人に上ったといわれる。

アメリカに対する他教派の移植としては、一六三九年にアメリカ最初のバプテスト教会がつくられ、一六五六年にはクェーカー派がやって来た。一六八三年には長老派が成立したが順調に発展し、アメリカにおいてイギリス国教会、会衆派（組合派）、バプテスト教会と並ぶ大きな教派となった。

植民地での教会の発達は、必然的に聖職者の必要を生むこととなり、牧師養成のための学校が建設された。それがハーバード大学であり、プリンストン大学であり、またコロンビア大学であった。

ところで、アメリカへのキリスト教の移植が一段落した頃、ちょうどヨーロッパでは信仰復興運動が始まっていた。このヨーロッパの信仰復興運動がアメリカに伝わり、大覚醒運動と呼ばれる全アメリカに及ぶ大々的な信仰復興運動が巻き起こった。

一七二六年、ドイツの敬虔派の影響を受けた牧師セオドア・フリーリングハイゼンの説教により、この最初の覚醒運動（リバイバル）が起こった。このリバイバルは各地に断続的に広がったが、このリバイバルを全アメリカ的にしたのはイギリスから来た大説教家ジョージ・ホイットフィールド（一七一四〜一七七〇）である。彼の行く所、おびただしい聴衆が群れをなし、農夫は鍬《くわ》を捨て、商人は店を閉じて集会に急いだといわれる。この大覚醒運動は一七四〇年頃、最高潮に達したが、これはちょうどメソジスト運動のアメリカ版といえるものである。

この大覚醒運動により多くの人たちが教会員になり、教会は急増した。ここにキリスト教はアメリカ社会に完全に定着するとともに、それまでばらばらであったアメリカの植民地は、キリスト教を中心に一つの国家としての連帯に目覚めていったのである。

その後、アメリカは一七七六年「独立宣言」をもって独立したが、これに伴いアメリカの教会はいち早く全国的な組織を結成した。

9　カトリック教会の動き

このような十七世紀から十八世紀にかけてのプロテスタントの動きに対し、ローマ・カトリックの動きはどのようであったのだろうか。

一七八九年のフランス革命を前後する時代は、啓蒙主義が盛んな時代であったためカトリック教会にとっては受難期であった。フランスでは教会領地の公有化や修道院の廃止が行われた。しかし、十八世紀の合理主義の時代が終わり、その反動として十九世紀のロマン主義の時代が来ると、情緒的なカトリック教会が再び栄えることになった。この勢いに乗って一八五四年、時の教皇ピウス九世がマリヤ無原罪懐胎を宣言し、一八七〇年にはローマ教会は教皇の無謬《むびゅう》性を宣言したが、その勢いは長くは続かなかった。

教皇の無謬性の宣言は多くの人たちから反発を買った。一八七〇年にはナポレオンが教皇領守護隊を引き揚げたが、その後イタリアが教皇領を占領したため、教皇は多くの財産を失うことになった。また、カトリック教会は一八七一年のドイツ帝国成立以来、ビスマルクによりその国際主義が嫌われ、赤色インターナショナル（国際共産主義）に対し〝黒色インターナショナル〟と呼ばれ、迫害の道を余儀なくされた。

10　イギリスのキリスト教

十九世紀に入り、イギリスのキリスト教は大きく二つに区別されるようになった。一つはイギリス国教会であり、もう一つは非国教会の群れである。

また、国教会の内部には四つの大きな流れができた。第一は、伝統的なイギリス国教会そのものの流れ（アングロ・カトリシズム）で高教会と呼ばれる。第二は、これに対抗する純粋なプロテスタント精神を標榜《ひょうぼう》する福音派の流れで、高教会に対して低教会と呼ばれる。第三はあらゆる教理や伝統の束縛から自由であろうとする人道主義的自由主義教会の流れで、これは広教会と呼ばれる。この広教会からキリスト教社会主義を唱えたチャールズ・キングスレー（一八一九～一八七五）等が出た。第四の流れは、オックスフォード運動と呼ばれるものである。この運動は国教会にローマ・カトリックの中にある良いものを取り入れようとする動きで、色彩的な祭式や典礼の重要性を訴えた。この運動の指導者はヘンリー・ニューマン（一八〇一～一八九〇）で、彼はのちにカトリックに改宗することとなったが、小冊子を次々に発行したり（トラクト運動）、美しい讃美歌を作ったりしたことで有名である。

一方、非国教会の群れとしては長老派、会衆派（組合派）、バプテスト派、メソジスト派等が大きな勢力を占め、イギリスのキリスト教の中で四〇パーセントを占めるに至った。その他、その後の非国教会の動きの中で特筆すべきものとしては救世軍がある。一八七八年メソジスト派のウィリアム・ブース（一八二九～一九一二）は救世軍を組織したが、独特の軍隊組織と不幸な者への献身的奉仕がその大きな特色である。救世軍は急速に世界に広まった。

11　聖書批判学の台頭

近代に入り、啓蒙主義的な立場から正統主義的教会は多くの挑戦を受けるようになったが、これらの動きは自然科学の発達とともにますます力を増していった。

ガリレオやコペルニクスの自然観は、人間の存在を大宇宙の中心から隅のほうに追いやる結果となった。またダーウィン（一八〇九〜一八八二）の『種の起原』（一八五九）は、人間を神の子からただの動物に格下げしてしまった。この勢いの中でマルクス（一八一八〜一八八三）は「宗教は阿片である」と言い、ニーチェ（一八四四〜一九〇〇）は「神は死んだ」と叫んだ。

このような流れの中から、聖書を批判的に研究しようとする聖書批評学が起こった。これは初めキリスト教に敵対する人たちによって始められたが、その後その成果が認められ、キリスト教の内部に取り入れられて、十九世紀の神学界に大きな影響を与えることになった。

聖書批評学は下層批評と高層批評の二つに分かれる。下層批評は、多くの写本の中から批評検討して、できるだけ原典に近いものを見いだそうという努力であり、それに対して高層批評は、資料の背後の出来事を調べ、本文の内容までも検討を加えようという試みである。キリスト教会に大きな影響を与えたのは下層批評よりもこの高層批評であった。

高層批評の創始者はフランスの医者であるジャン・アストリュック（一六八四〜一七六六）で、彼は一七五三年研究を発表し、創世記はいままで知らされてきたごとくモーセ一人の著作ではなく、神をエロヒームと呼ぶ資料と、ヤハウェと呼ぶ資料が合成されてできたものであると主張した。その後、いろいろな研究者からこの種類の発表が続出した。そこでは、イザヤ書も二個ないし三個の資料から合成されたものであるとされ、またダニエル書はその内容からダニエルの時代に書かれたものとは考えられず、ダニエルの名を冠しつつものちの時代に書かれたものとされた。

このような流れの中で、一七七八年、レッシングが、ヘルマン・ライマールスの批判学研究に基づいた『断片』という著書を刊行。聖書の奇跡を否定して、聖書の作者たちは敬虔な詐欺師だと主張した。また一八三六年シュトラウスは『イエス伝』を発表し、その中でイエスの神性と奇跡を否定して当時の神学界に大きな影響を与えた。これに続き、聖書の神格化されたイエスの背後にある史的イエスを研究しようとする動きは、多くの『イエス伝』を出現させた。

この聖書の批評学的研究は、それまで一言一句間違いのない神の言葉とされてきた聖書の権威を著しく傷つけることになった。

12　自由主義神学

前述したごとく啓蒙主義思想から聖書批評学に至る一連の動きは、伝統的（正統的）キリスト教を根底から揺り動かす結果となり、この当時のキリスト教は知識層からほとんど見放された状態になった。

このように荒廃したキリスト教の中にあって、もう一度新たな面からキリスト教の再建をなそうと考える人たちが出てきた。この人たちの流れは、それまでのドグマ（教理）からの自由を唱える傾向から自由主義神学（Liberal Theology）と呼ばれる。

自由主義神学の祖といわれる人といえば、シュライエルマッハー（一七六八～一八三四）、リッチュル（一八二二～一八八九）、ハルナック（一八五一～一九三〇）の三人を挙げることができる。

シュライエルマッハーは、聖書批評学の聖書の啓示性に対する攻撃を避けるため、それまでの「教理」にとらわれたキリスト教に対し、「情緒」を中心としたキリスト教を主張して、当時の宗教界に大きな影響を与えた。リッチュルは、観念的なキリスト教を否定し、教理よりも実践を強調した。またハルナックは、キリスト教をイエス教とパウロ教に分離し、十字架の贖罪の教理はパウロの神学にすぎず、キリスト教の本質はイエスの人格的感化と倫理的教えにあると説いた。

こういう人たちの主張は、それまでの正統的キリスト教に対し大きな示唆を与えるものであったが、また一方では、キリスト教の根本的なものまでも見失う側面を持っていた。すなわち、聖書は神の啓示の書であることを否定し、また原罪の教理を否定することにより、これらの主張はイエスの神性や十字架の贖罪までも否定することになったのである。彼らにあっては、十字架は自己犠牲の模範という以外に意味をもたなくなった。

しかし、この自由主義神学の流れは、当時の風潮と相まって大きく発展し、正統的なキリスト教を崩壊寸前まで追いやってしまったのである。このような自由主義的な信仰観に対して従来の伝統的な信仰観は根本主義（Fundamentalism）と呼ばれる。十九世紀後半はキリスト教にとって自由主義と根本主義の闘いにより大いに混乱した時代であった。

13　世界大戦とキリスト教

十六世紀のルネサンスは十七世紀には啓蒙思想となり、その啓蒙思想は十八世紀の合理主義を生み出した。

世界は十九世紀に入り、十八世紀の合理主義時代の上にロマン主義時代を迎えたが、実は自由主義神学が現れてきた背景には、このような時代的背景もあったのである。したがって、自由主義神学は情緒的で、ヒューマニスティックで、理想主義的である。また、難しい教理を認めることを我々に強制しない。ただ父なる神を中心に人類が兄弟姉妹となって、地上に神の国を造ろうというものである。そこには、堕罪（原罪）の教理もなければ、十字架による贖罪思想もない。

この自由主義神学の波は大きく世界に広がり、アメリカでも根本主義神学との間に大きな問題を引き起こした。日本でも新神学という名で上陸し、同志社大学がその拠点となって日本のキリスト教会を大きく動揺させた。

ところが、このように世界に猛威を振るった自由主義神学も、決定的な打撃を受ける時がやって来た。それは二度にわたる世界大戦である。それまでは人間のもつ天与の善意を信じて、この地上に神の国を造ろうと希望に胸を膨らませて進んできたのであるが、その結果、人類は二度にわたる大戦を経験することになったのである。

この二度にわたる世界大戦が人類に教えたことは、人間がいくら善を求めてもどうすることもできない根本的罪が人間存在の背後に横たわっているということであった。いわば人類的歴史的次元での原罪認識であったのである。その結果、聖書の中に啓示されている堕罪の教理が再確認されるとともに、十字架の贖罪ということも見直されるようになってきた。一方、人類の罪に対する解答を持たなかった自由主義神学は、この二度にわたる世界大戦により、完全にその力を失うに至った。

　自由主義神学の没落とともに、正統信仰の再建を目指す動きが現れてきた。それが新正統主義（Neo-orthodoxy）と呼ばれるものである。この新正統主義については後述する。

14　アメリカのキリスト教

　十九世紀におけるアメリカの教会はどうであったのであろうか。我々は先に、十八世紀に起こった大覚醒運動（リバイバル）について学んだが、アメリカのキリスト教の歴史は幾度となくこのリバイバルが繰り返されてきた歴史であった。十九世紀初頭は、第二次のリバイバル運動がヴァージニア大学やイェール大学から全国に広がっていった時代である。

　また、この時代はアメリカの教会が社会改善のために大きく貢献した時代でもあった。一八三三年には奴隷制度反対協会をつくり、一八九五年には禁酒運動を開始した。この禁酒運動は一九一五年、ついに憲法によって禁酒を制定するまでに至った。

　十九世紀後半になると、アメリカも産業の発達とともに都市集中の問題が起こった。それに伴い多くの社会問題が発生するようになったが、これに対して教会は救済の手を差し伸べねばならなくなった。そこでは自然と教派を超えた連帯活動が要求されるようになり、超教派的な動きはこの時から始まった。この動きは一九〇八年、アメリカで初めての超教派的組織である「米国キリスト教協議会」を生むに至った。

もう一つこの時代の特色を挙げておくならば、多くのキリスト教新興宗教が発生したことである。一八三〇年ジョセフ・スミスがモルモン教を設立し、一八四三年にはエレン・G・ホワイト夫人によりセブンスデー・アドベンティスト教会が誕生した。また、このセブンスデー・アドベンティストの流れをくんだチャールズ・T・ラッセルにより、一八七二年ものみの塔ができた。また一八七五年には、エディー夫人によるクリスチャン・サイエンスができた。これらのほとんどは、終末的傾向と再臨を強調するのが特徴である。

15　新正統主義神学

二度にわたる世界大戦ののち、荒廃したキリスト教は新正統主義と呼ばれる神学により再建の時代を迎えた。現代プロテスタント神学の主流を形成することになった新正統主義といわれるこの流れの先駆をなしたのはデンマークの哲学者であり、また神学者であるセーレン・キルケゴール（一八一三〜一八五五）である。彼は十九世紀のあれもこれもと観念的な作業を繰り返している自由主義的神学界に満足できず、「あれかこれか」を決断し、全人格を懸けてそれに生きることがキリスト教信仰の本質であることを訴えた。彼の考え方は、その後の実存主義や新正統主義の発生に大きな影響を与えた。

さて、弁証法神学または危機神学ともいわれる新正統主義神学の流れは、エミール・ブルンナー（一八八九〜一九六六）やカール・バルト（一八八六〜一九六八）から始まった。この弁証法神学は、世界大戦をもって挫折した自由主義神学に代わって、またたく間に全世界に広がり、混乱した世界のキリスト教を一気に立て直してしまったのである。現代のプロテスタント神学の主流は、この弁証法神学の上にあると言ってよいであろう。

それではこの弁証法神学は、それまでの正統的な神学とはどこが違うのであろうか。それまでのキリスト教の伝統的な考え方としては、聖書の言葉は神の啓示（神の言葉）そのものであるとの考えに立っていた。ところが、この神の言葉である聖書は十九世紀の聖書批評学により全く権威を失ってしまったのである。今さら聖書批評学の結果を無視して昔の聖書信仰にも帰れないと苦悶する大戦後の世界のキリスト教に、起死回生の道を開いたのが弁証法神学であった。

弁証法神学は、聖書は神の啓示そのものではなく、キリストこそが神の啓示であり、聖書はその神の啓示を記録した文書でしかないと主張する。したがって、人は聖書の言葉に触れて回心するのではなく、聖書を通して神の啓示であるキリストそのものと出会うところに神への回心が起こるというのである。

このように、弁証法神学は、神の啓示の絶対性を聖書に置くのではなく、キリストそのものに置くことによって聖書批評学の攻撃を克服する道を示した。弁証法神学にとっては、聖書は神の啓示の出来事を記録した人間の書であるから、そこには人間的誤謬も入り得るというのである。しかし、それゆえにまた弁証法神学は「啓示の出来事」を記録したという意味において聖書を単なる人間の書でもない、神の啓示性を保持する書と規定することにも成功したのであった。

ところで神の啓示であるキリストとの出会いの瞬間こそ、その人にとっては決断を迫られる時であり、キリストを受け入れるか否かで、天国にでも地獄にでも行ってしまうのである。まさにその一瞬こそ、その人にとっては危機的な一瞬となる。これが危機神学といわれるゆえんである。

またこの流れの神学は、神（キリスト）と自己との全人格的な対決を迫るところから、極めて実存主義的な傾向を持っている。この神学が弁証法神学と呼ばれるのは、神を「正」とし人間を「反」として、この対立する両者がキリストの贖罪により「合」としての新生命誕生に至ると説き、神の救済の業を弁証法的に説明しようとしたことに由来する。

さて、この新正統主義の流れの延長線上に独自の世界を開拓し、その後のキリスト教世界に大きな影響を与えた若干の人たちを次に紹介しておきたい。

まず、パウル・ティリッヒ（一八八六～一九六五）であるが、彼の形而上学的なアプローチはキリスト教を普遍化する試みとしておもしろい。またルドルフ・ブルトマン（一八八四～一九七六）は、非神話化という論文を神学界に発表し注目を引いた。彼はキリスト教のつまずきとなる神話を取り除き、現代人をキリスト教の本質と出会わせようとしてキリスト教信仰の実存的側面を強調した。一方、ラインホルド・ニーバー（一八九二～一九七一）は、個人的、霊的救済に偏りがちな正統派に対し、福音主義的信仰も持ちながらも、いかに現実社会に対処していくべきかを説き、キリスト教界にとどまらずアメリカの政治や外交にも少なからぬ影響を与えた。また、ナチス政権下、抵抗運動に参加して殉教したことで有名なディートリッヒ・ボンヘッファー（一九〇六～一九四五）は、現代社会を宗教的依存から脱却した〝成人した社会〟と規定して、このような社会には非宗教化されたキリスト教が必要であると唱えた。彼によれば宗教臭いムードで人々を引っ張っていく時代は終わったというのである。

しかし、これらの人たちも一九六〇年代には、この世を去ってしまった。それ以後、この新正統主義の流れの中に大きな学者を出すに至っていない。もはや弁証法神学に依拠する時代は確実に終わりを告げているのである。それは、現代におけるあまりにも複雑で深刻な現実がいつまでも我々を——少し穿《うが》った言い方をすれば——〝形而上学的な酔い〟の中に浸っていることを許さなくなったからかもしれない。

16　今日における超教派運動

十九世紀から二十世紀にかけて、世界のキリスト教会の中で起こってきた現象の中で、特に注目すべきものの一つに超教派運動（エキュメニカル運動）がある。

十九世紀に入ってイギリスでは各派が合同で聖書を発行したが、その後ＹＭＣＡ（キリスト教青年会）等が結成され、教派を超えた青年活動が行われるようになった。このような動きは各国でも行われるようになった。アメリカでは各派が協力して海外伝道の道を開拓しようとしたが、このような動きの結果、アメリカの教会は全国的な規模での超教派連合体を組織した。それが一九〇八年に結成された「米国キリスト教会協議会」である。その後、各国のキリスト教もこの種の超教派的連合体を結成したが、これがＮＣＣ（National Christian Council）といわれるもので、現在、日本においてはこの種の団体として日本キリスト教協議会がある。

一方、世界的な超教派運動としては、一九〇〇年、アメリカのニューヨークに全世界の聖職者たち千五百名が教派を超えて集まり、伝道に関する国際会議を開いた。ここで今日一般に〈超教派〉という意味で使われている「エキュメニカル」という言葉が使われた。この言葉は、ギリシャ語の「世界」という意味の「オイクメネ」という言葉から派生してきたものであるが、「世界の教会が一つになる／である」という願いが込められている。その後、この会議は一九一〇年にもイギリスのエジンバラで開かれたが、それ以後急速に発展し、ついに一九四八年、世界教会協議会（World Council of Churches）として結実した。普通ＷＣＣと呼ばれるこの組織はスイスのジュネーブに本部がある。

一方、カトリック教会も一九六二年から六五年にかけて教皇ヨハネス二十三世（一八八一～一九六三）の唱導により第二ヴァチカン会議を開いたが、その中で今までの保守的閉鎖的なカトリック教会のあり方を変革し、プロテスタントともまた他宗派とも対話の道を開く、という画期的な方針を打ち出した。これによりカトリックの教職者たちも、それまで異端とされてきたプロテスタントの集会にも堂々と出られるようになったのである。

　ところで長いキリスト教の歴史の中で、これまでキリスト教は分裂から分裂へという流れを示してきた。そのキリスト教が、このように二十世紀を前後して歴史上初めて教派の一致への動きを示し、その流れが急速に進んできたということは何を意味するのであろうか。そこに我々は、統一運動が主張する神の摂理的胎動という側面を見逃してはならない。

17　現代のキリスト教

　バルトに代表される弁証法神学の興奮から覚め始めた頃から、世界の教会にとって現実世界そのものが大きな問題として目前に現れるようになった。「神と我」という一つのテーマに決着をつけたのち、世界のキリスト教の関心は、それでは「キリスト教とこの世」とはいかにあるべきかという点に移ってきたといえる。前述のボンヘッファー等はすでにこのような問題に取り組み始めていた神学者であったが、彼と共に論じられる神学者にフリードリッヒ・ゴーガルテンがいる。彼は「この世に対する人間の支配」というテーマに対して鋭く迫った神学者であった。また、ヘルムート・ティーリケも忘れてはならない。彼は、救われた人間が一体この世に対して何をなすべきかという問題に対して、突っ込んだ研究を展開した。

アメリカでは、ハーヴィー・コックスが『世俗都市』を書き、また、トマス・アルタイザーやウィリアムズ・ハミルトン等は「神の死の神学」を唱えたが、これらは世俗社会をいかにキリスト教側から肯定的に理解する（取り組む）かという一つの試みであったといえる。その他、形而上的神ではなく現実の中に生きて働く神をとらえようとしたホワイトヘッドに起源をもつ過程神学（プロセス神学）も、その一つの試みであった。

ドイツでは、ユンゲル・モルトマンは『希望の神学』を著し、キリスト教信仰の中にある希望の原理から現実改革の道を示そうとした。一方、キリスト教信仰の実存的解釈を提示したブルトマンの弟子たちは、イエスを〈教理（ケリュグマ）〉の中に押し込めてしまった師の行き方に反対し、イエスの歴史性を神学の中に取り戻そうとする新しい神学運動を展開して注目を浴びた。すなわちポスト・ブルトマニアンと呼ばれる人たちで、エルンスト・ケーゼマン、ギュンター・ボルンカム、ゲルハルト・エーベリンク、ハンス・コンツェルマン等がそうである。

歴史の中の神という問題についてはヴォルフハルト・パネンベルクは一層徹底した形で『歴史としての啓示』を著し、注目を浴びた。彼のあとには聖書の中に神の「救済史」を読み取ろうとしたゲルハルト・フォン・ラート、そしてオスカー・クルマンがいる。

ここでカトリックの神学者に対しても若干触れておきたい。教皇ヨハネス二十三世は、第二ヴァチカン公会議を開くに当たり、「地上の平和」―パーチェム・イン・テリス―という回勅を発し、人々の関心を地上に向けさせたが、この会議において指導的役割を果たしたのはカール・ラーナーであった。彼は、会議の主題に沿って現代におけるキリスト教の在り方を大胆に提示した。またこのような動きの背後にあって、存在世界に対しユニークな見方を示したティヤール・ド・シャルダンの存在をここに付言しておきたい。

このような〈彼岸から此岸へ〉という世界のキリスト教の潮流に対し、一方では一つの憂うべき傾向が出てきた。それはこのような〈現実指向〉と〈左翼イデオロギー〉との癒着という問題である。このような傾向は、一九六八年スウェーデンのウプサラで開かれた第四回ＷＣＣ（世界教会協議会）総会を前後してキリスト教会の中に現れてきたのであるが、それが明確な形をとってきたのがいわゆる解放神学である。

解放神学の主な流れとしては、南米のカトリック神父グスタボ・グティエレスに見られるような第三世界の解放を説くものや、アメリカのＪ・Ｈ・コーンに見られるような黒人の解放を叫ぶもの、またその後に出てきた女性の解放を叫ぶフェミニスト神学等がある。このような流れは社会正義を標榜しているが、社会分析の方法が左翼イデオロギーの方法論に依拠しがちで、結局、〝体制に対する憎悪〟という左翼イデオロギーの本質を内包する傾向がある。本来、キリスト教信仰は〝愛〟を本質とするものである以上、〝憎悪〟をエートスとするこの種の動きは、本質的にはキリスト教とは合致するものではないといえよう。

今日、バルト以後、大勢を占めるだけの大きな神学的潮流は現れていない。「みこころが天に行われるとおり、地にも行われますように」（マタイ六・一〇）ということが、まさに神のみ旨である以上、我々の関心もまた最終的に地上に注がれるということは正しいことといわねばならない。ただこの〝地上指向〟をかつてのヒューマンな理想を追って挫折した自由神学の轍を踏まず、まして前述したように左翼イデオロギーに感化された社会運動に堕することなく――すなわちイエスのもたらした〈神の国の福音〉の本質を失うことなく――いかに地上に具現するかが、今日におけるキリスト教の最大の課題となっているのである。そこでは単なる救霊の問題にとどまらず、トータルに世界の問題に対処し得る普遍的な世界理念としてのキリスト教信仰の在り方が強く求められている。

そういう意味では、十字架による救いという〝救済論〟を中心としてきたこれまでのキリスト教は、まさしく福音の原点である〝神の国論〟、強いては神信仰の原点である〝創造論〟という根源的な次元にまでもさかのぼって「キリスト教信仰とは何か」を問うてみなければならない時に来ているのである。

〈参考文献〉

『基督教全史』　E・E・ケアンズ　聖書図書刊行会
『日本キリスト教史』海老澤有道・大内三郎　日本キリスト教団出版局
『日本の歴史・キリシタンの世紀』　集英社
『キリシタン大名』岡田章雄　教育社
『キリスト教大事典』　教文館
『現代キリスト教神学入門』　W・E・ホーダーン　日本基督教団出版局
『20世紀のプロテスタント神学』　H・ツァールント　新教出版社

著者略歴

梅本憲二（うめもと・けんじ）

1944年3月22日　大阪府生まれ。
1961年 日本基督教団浜寺教会に入会、翌年受洗。
1963年 世界基督教統一神霊協会に入教。
1972-76年 日本和協聖書塾塾生。
1992-94年 マーシーカレッジ（ニューヨーク）留学。
元 日本統一教会超教派部長。
現在 オイクメネ総合研究所 所長。
著書『やさしい聖書学』、『やさしいキリスト教教義学』等。

日本と世界のやさしいキリスト教史

2012年6月20日　　初版発行

著　者　梅本憲二
発　行　株式会社　光言社
〒150-0042 東京都渋谷区宇田川町37-18
電話　03（3467）3105
http://www.kogensha.jp/
印　刷　株式会社 ユニバーサル企画

ISBN978-4-87656-171-1